使える tofu 豆腐レシピ

柴田書店

tofu

誰にでも好まれる安心できるおいしさに加え、
ヘルシーなイメージや価格の安さから、
家庭でも居酒屋などの飲食店でも人気の豆腐、およびその関連製品です。
しかし身近で使い慣れた素材だけに、
いつも決まった使い方になりがちでもあります。
シンプルな湯豆腐や定番の冷やっこの人気は不動ですが、
おいしい食べ方はそれだけではありません。
本書では、豆腐料理の豊富な和食と中華はもちろん、
韓国料理とフレンチのシェフにもユニークな料理を多数ご紹介いただいています。
知らなかったおいしさや、意外な味の組み合わせなど、
メニューのヒントになる新たな発見があるかもしれません。ぜひお役立てください。

和	仏	中	韓

japanese	french	chinese	korean
賛否両論	マルディグラ	桃の木	どんどんじゅ
笠原将弘	和知 徹	小林武志	金 順子

豆腐で作る　酒の肴・副菜

- 冷やっこ5種（笠原） ……… 8
- 韓国風冷やっこ（金） ……… 10
- 豆腐焼き（金） ……… 11
- 豆腐の味噌漬け（笠原） ……… 12
- 豆腐の昆布じめ（笠原） ……… 13
- 豆腐のたたき（笠原） ……… 14
- 豆腐土佐焼き（笠原） ……… 15
- 漬け豆腐（笠原） ……… 16
- 酔っ払い豆腐（笠原） ……… 16
- あんかけ豆腐（笠原） ……… 17
- 煮やっこ（笠原） ……… 17
- 豆腐キムチ（金） ……… 20
- 豆腐のサラダ 白ごまのドレッシング（金） ……… 21
- 豆腐のサラダ 黒ごまのドレッシング（金） ……… 21
- 豆腐のスモーク（笠原） ……… 24
- 塩漬け豆腐のハニースモーク（和知） ……… 24
- 蒸し揚げぎょうざ（小林） ……… 25
- 白和え5種（笠原） ……… 28
- 帆立、プチトマト、アボカドの白酢和え（笠原） ……… 29
- なすとくずし豆腐の和え物（小林） ……… 29
- 二色田楽（笠原） ……… 32
- 揚げ出し豆腐（笠原） ……… 33
- 豆腐ともやしの和え物（金） ……… 34
- 煎り豆腐（笠原） ……… 35
- 豆腐の素揚げ（小林） ……… 36
- 揚げ豆腐の辛み煮（小林） ……… 37
- ねぎ豆腐炒め（笠原） ……… 38
- 厚揚げのスパイス風味フリット（和知） ……… 39
- 豆腐のえびすり身詰め蒸し オイスターソース風味（小林） ……… 40
- 万願寺唐辛子のえび豆腐あん詰め 煎り焼き（小林） ……… 41
- 飛龍頭（笠原） ……… 42
- 擬製豆腐（笠原） ……… 44
- 豆腐のグラタン（和知） ……… 45
- けんちん春巻き（笠原） ……… 46
- おぼろ豆腐オムレツ（和知） ……… 47
- 豆腐のポテトサラダ風（和知） ……… 48
- ソイマヨネーズのサンドイッチ（和知） ……… 49
- 豆腐もち磯辺焼き（笠原） ……… 50
- 枇杷豆腐（小林） ……… 51

豆腐で作る　煮物・鍋・汁物

- 麻婆豆腐（小林） ……… 52
- 肉豆腐（笠原） ……… 54
- 豆腐と豚ばら肉のカレー味の煮込み 香港風（小林） ……… 55

豆腐の煮付け（金）	56
豆腐柳川仕立て（笠原）	56
豆腐つみれ鍋（笠原）	57
春菊と豆腐のワンタン（小林）	60
揚げ豆腐と春雨のスープ（小林）	61
豆腐を使ったなんちゃってタンシチュー（和知）	61
スン豆腐チゲ（金）	64
豆乳入り豆腐チゲ（金）	65
細切り豆腐のスープ（文思豆腐）（小林）	65
ふくさ仕立て味噌汁（笠原）	68
豆腐とトマトのスープ（笠原）	68

豆腐で作る　ご飯・麺

豆腐入り魯肉飯（小林）	69
豆腐のビリヤニ（和知）	72
豆腐飯（笠原）	74
うずみ豆腐（笠原）	75
豆腐そば（笠原）	76

油揚げで作る

信田煮（笠原）	77
油揚げと香菜のサラダ　北京風（小林）	78
油揚げとじゃこのサラダ（金）	79
うず巻き焼き（笠原）	80
豚ロール巻き照り焼き（笠原）	81
油揚げと小松菜の炒め物（小林）	82
きぬがさ丼（笠原）	83
油揚げのロールキャベツ（和知）	84
油揚げの海苔巻き（金）	86
いろいろおいなりさん（笠原）	88

高野豆腐で作る

高野豆腐と手羽先の含め煮（笠原）	90
高野豆腐の揚げ煮　えびそぼろあん（笠原）	91
高菜漬けと高野豆腐の煮込み（小林）	92
高野豆腐のトマト煮込み　ナバラン・ダニョー風（和知）	93

湯葉で作る

湯葉しんじょう椀（笠原）	94
湯葉蒸し（笠原）	96
湯葉しゅうまい（笠原）	97
もやしの湯葉巻き（小林）	97
鶏肉とマコモダケの挟み蒸し（小林）	100

湯葉とじゃがいもの細切り炒め（小林）	101
引き上げ湯葉と野菜、干しえびの炒め煮（小林）	101
かに湯葉巻き揚げ（笠原）	104
ちりめん湯葉（笠原）	104
湯葉と卵のフラン（和知）	105

おからで作る

あさりおから（笠原）	108
五目おから（笠原）	109
卯の花まぶし（笠原）	109
おからのタブレ風サラダ（和知）	112
おからのコロッケ（笠原）	112
おからのキーマカレー風（和知）	113
ベーコン入り豆腐とおからのジョン（金）	116
おから豚汁（笠原）	117
コンビジ（おからスープ）（金）	117

豆乳で作る

豆乳（小林）	120
豆乳のヴィシソワーズ（和知）	120
豆乳とアボカドの冷たいすり流し（笠原）	121
豆乳胡麻豆腐（笠原）	121
豆腐のニョッキ　セージ風味の焦がしバターソース（和知）	124
白玉モッツァレッラ（和知）	125
豆乳のクリームコロッケ（和知）	125
豆腐花（小林）	128
豆乳豚しゃぶ鍋（笠原）	129
豆乳トマト汁　つけうどん（笠原）	130
コンクッス（豆乳素麺）（金）	131

デザート

豆乳はちみつアイス（笠原）	132
ソイパフェ（和知）	133

- 本書中の大さじ1は15cc、小さじ1は5ccです。
- 本書中の「豆乳」は、成分無調整豆乳を使用しています。
- 和知さんのレシピ中のチキンブイヨンは、市販の固形ブイヨンをお湯で溶いたものを使用しています。
- 小林さんのレシピ中の鶏ガラスープは、ご自分でとったものでも、市販品を使用してもけっこうです。
- 本書中のバターは基本的に無塩バターを使用していますが、有塩バターを使う場合は、加える塩の量などを控えてお使いください。
- 本書中に単に「醤油」とある場合は、濃口醤油を指します。また、「酒」とある場合は日本酒を指します。

撮影　海老原俊之
デザイン　野本奈保子（ノモグラム）
編集　長澤麻美　名取千恵美

使える豆腐レシピ

目次

豆腐で作る　酒の肴・副菜	8
豆腐で作る　煮物・鍋・汁物	52
豆腐で作る　ご飯・麺	69
油揚げで作る	77
高野豆腐で作る	90
湯葉で作る	94
おからで作る	108
豆乳で作る	120
デザート	132

豆腐で作る 酒の肴・副菜

木綿豆腐、絹漉し豆腐、焼き豆腐、おぼろ豆腐‥‥。
ひと口に豆腐といっても、さまざまです。
ここではそれぞれの持ち味を生かした、お酒がおいしく飲める
肴むきの料理や、使い勝手のいい副菜的な料理をご紹介します。

冷やっこ5種

のせるものを替えるだけで、いろいろな味が楽しめます。
複数作って盛り合わせても。

（料理／笠原将弘）

材料（作りやすい量）

絹漉し豆腐 … 1丁

ねぎ塩
| 万能ネギ … 5本
| 塩 … 少量
| ゴマ油 … 大さじ1

梅かつお
| 梅干し … 2個
| かつお節 … 1パック（5g）
| 醤油 … 少量

しらすみょうが
| しらす … 20g
| みょうが … 2個
| サラダ油 … 大さじ1
| 白煎りゴマ … 小さじ1
| 醤油 … 少量
| 生姜（すりおろし）… 小さじ1/2

親子おろし
| いくら … 30g
| 卵黄 … 1個
| 大根おろし … 大さじ2
| 塩 … 少量
| 醤油 … 少量

海苔山椒煮
| 焼き海苔 … 1枚
| 実山椒（水煮）… 大さじ1
| **A**
| | 水 … 50cc
| | 酒 … 50cc
| | みりん … 50cc
| | 醤油 … 大さじ2

作り方

1. ねぎ塩：万能ネギを小口切りにし、塩とゴマ油で和える。
2. 梅かつお：梅干しは種を取り除き、包丁でたたく。かつお節と醤油を加えて混ぜ合わせる。
3. しらすみょうが：みょうがを小口切りにし、その他の材料と混ぜ合わせる。
4. 親子おろし：すべての材料を混ぜ合わせる。
5. 海苔山椒煮：Aを鍋に合わせ、海苔をちぎって入れてふやかす。実山椒を入れて火にかけ、汁気がなくなるまで煮詰める。
6. 豆腐の水気をふき取り、食べやすい大きさに切って器に盛り、1〜5を1種類ずつのせる。

ポイント

豆腐の水気をふき取ってから盛り付ける。

豆腐で作る　酒の肴・副菜

韓国風冷やっこ

ゴマやゴマ油、唐辛子、ニンニク、ネギなどを合わせた
トッピングをのせれば、冷やっこも韓国風です。
（料理／金順子）

材料（2人分）

木綿豆腐 … 1/2丁
A
　たまり醤油 … 大さじ1
　柚子ポン酢（市販） … 大さじ1
　ゴマ油 … 小さじ1
　白すりゴマ（半ずり） … 少量
　粗挽き唐辛子 … 少量
　ニンニク（すりおろし） … 少量
　万能ネギ（小口切り） … 少量
みょうが … 適量
刻み海苔 … 少量

作り方

1. 豆腐は食べやすい大きさに切り、軽く水気を取る。
2. Aは混ぜ合わせておく。
3. みょうがはせん切りにし、水にさらす。
4. 器に1の豆腐を盛って2をかけ、水気を切ったみょうがと刻み海苔をのせる。

ポイント

みょうがの代わりに芽ネギなど、好みの香味野菜を使ってもよい。

豆腐焼き

小麦粉をまぶして油で焼けば、食べ応えのある一品に。
(料理/金順子)

材料 (2人分)

木綿豆腐 … 1/2丁
塩、コショウ … 各少量
小麦粉、サラダ油 … 各適量
A
| 醤油 … 大さじ1
| 酢 … 大さじ1
| みりん … 小さじ1
| ニンニク (すりおろし) … 少量
| 白すりゴマ (半ずり) … 少量
| 粗挽き唐辛子 … 少量
| 万能ネギ (小口切り) … 少量
みょうが … 適量
水菜 … 適量

作り方

1. 豆腐は食べやすい大きさに切り、軽く水気を取る。
2. Aは混ぜ合わせておく。
3. みょうがはせん切りにし、水にさらす。水気を切り、食べやすく切った水菜とともに器に敷いておく。
4. 1の豆腐に塩、コショウをして小麦粉をまぶし、サラダ油を熱したフライパンに入れて中火で焼く。両面ともカリカリに焼けたら、3の器に盛り、2をのせる。

ポイント

豆腐は必ず中火で、カリッと焼き目がつくように焼く。弱火だと豆腐から水分が出てきてしまう。

豆腐の味噌漬け

味噌の旨みや塩気が染み込んだ豆腐は、お酒の肴にぴったり。
（料理／笠原将弘）

材料（作りやすい量）

木綿豆腐 … 1丁
キュウリ … 1/2本
大葉 … 適量
A
　信州味噌 … 100g
　酒 … 40cc
　砂糖 … 40g

作り方

1. Aをよく混ぜ合わせる。
2. 豆腐をペーパータオルで包んで30分ほどおき、しっかり水切りする。
3. 2をペーパータオルから取り出し、ガーゼで包んで1をまんべんなく塗りつけ、冷蔵庫で3日間漬ける(a)。
4. 3のガーゼを取り、一口大に切って器に盛る。食べやすく切ったキュウリ、大葉を添える。

a

豆腐で作る 酒の肴・副菜

豆腐の昆布じめ

素材の水分を吸い取って、旨みをのせる昆布じめは、
日本料理の優れた調理法の1つ。もちろん豆腐にも使えます。
（料理／笠原将弘）

材料（作りやすい量）

絹漉し豆腐 … 1丁
昆布 … 適量
すだち … 1個
わさび（すりおろし）… 少量
塩 … 少量

作り方

1. 豆腐を1cm厚さに切り、軽く水気をふいて昆布の上に並べ、上にも昆布をのせて上下で挟む(a)。冷蔵庫で1日おく。
2. 器に盛り、切ったすだち、おろしわさび、塩を添える。

a

豆腐のたたき

かつおを豆腐に替えて"たたき"に。
さっぱりとした味で、和のサラダ風です。
(料理 笠原将弘)

材料 (作りやすい量)

木綿豆腐 … 1丁
長ネギ … 1/2本
みょうが … 2個
大葉 … 5枚
カイワレ大根 … 1/3パック
大根おろし … 大さじ2
一味唐辛子 … 少量
A
　醤油 … 50cc
　みりん … 50cc
　酢 … 20cc
　ポン酢 … 30cc
　だし昆布 … 3g

作り方

1．Aを混ぜ合わせておく。
2．長ネギ、みょうが、大葉、カイワレ大根は粗みじん切りにする。
3．大根おろしに一味唐辛子を混ぜ合わせる。
4．豆腐を端から10等分に切り、水気をふく。強火にかけたフライパンに入れ、焼き目をつける。
5．4を器に並べ、2、3をのせ、1をかける。

ポイント

豆腐にしっかりと焼き目をつける。

豆腐で作る 酒の肴・副菜

豆腐土佐焼き

豆腐の表面にかつお節の衣をつけて、表面をパリッと焼き上げます。
（料理／笠原将弘）

材料（2〜3人分）

木綿豆腐 … 1丁
薄力粉 … 適量
卵 … 1個
かつお節 … 10g
サラダ油 … 大さじ1
大根おろし … 大さじ4
すだち … 1個
醤油 … 少量

作り方

1．豆腐は軽く水切りし、一口大に切る。
2．1に薄力粉、溶き卵、かつお節の順で衣をつける。
3．フライパンにサラダ油を熱し、2を入れて、全面をパリッと中火で焼く。
4．器に盛り、大根おろし、醤油、切ったすだちを添える。

豆腐で作る 酒の肴・副菜

漬け豆腐

酔っ払い豆腐

豆腐で作る 酒の肴・副菜

あんかけ豆腐

煮やっこ

漬け豆腐

まぐろと同じ手法で豆腐を"ヅケ"に。
(料理／笠原将弘)

材料 (作りやすい量)

絹漉し豆腐 … 1丁
みょうが (小口切り) … 2個分
わさび (すりおろし) … 適量
大葉 … 適量
A
  醤油 … 200cc
  煮切りみりん … 100cc
  だし昆布 … 5g

作り方

1. 豆腐を2cm厚さに切り、軽く水気をふく。
2. Aを混ぜ合わせ、1を漬けて冷蔵庫に30分おく。
3. 器に盛り、みょうが、おろしわさびを添える。

ポイント

漬けすぎると塩からくなるので注意する。

酔っ払い豆腐

紹興酒の風味がのった、大人の味わいです。
(料理／笠原将弘)

材料 (作りやすい量)

絹漉し豆腐 … 1丁
甘エビ (刺身用むき身) … 10本
万能ネギ (小口切り) … 適量
生姜 … 10g
A
  醤油 … 150cc
  紹興酒 … 100cc
  酒 … 50cc
  砂糖 … 大さじ2

作り方

1. 生姜はせん切りにする。
2. 豆腐を2cm厚さに切り、軽く水気をふく。
3. 甘エビは洗って水気をふく。
4. Aと1を混ぜ合わせ、2と3を漬けて冷蔵庫に1時間おく。
5. 器に盛り、万能ネギをのせる。

ポイント

漬けすぎると塩からくなるので注意する。

あんかけ豆腐

やわらかい絹漉し豆腐に、温かいあんをたっぷりかけて。
（料理／笠原将弘）

材料（作りやすい量）

絹漉し豆腐 … 1丁
生姜（すりおろし）… 少量
万能ネギ … 5本
水溶き片栗粉（片栗粉1：水1.5の割合）
　… 少量
だし昆布 … 5g
A
　だし汁 … 250cc
　醤油 … 50cc
　砂糖 … 大さじ2

作り方

1. 豆腐は4等分に切り、ひたひたの水とだし昆布とともに鍋に入れて火にかけ、弱火でゆっくりと温める。
2. 別鍋にAを入れてひと煮立ちさせ、水溶き片栗粉でとろみをつける。
3. 万能ネギは小口切りにする。
4. 1の豆腐の水気を切って器に盛り、2のあんをかけ、3とおろし生姜をのせる。

煮やっこ

寒い日に食べたくなる、温かい豆腐。ネギとカラシはお忘れなく。
（料理／笠原将弘）

材料（作りやすい量）

木綿豆腐 … 1丁
長ネギ … 1/2本
練りガラシ … 少量
A
　だし汁 … 400cc
　醤油 … 大さじ2
　みりん … 大さじ2

作り方

1. 長ネギは小口切りにする。
2. 豆腐は4等分に切り、Aとともに鍋に入れて火にかける。沸いたら弱火にし、10分ほど静かに煮る。
3. 煮汁ごと器に盛り、1と練りガラシを添える。

豆腐で作る 酒の肴・副菜

豆腐キムチ

豆腐で作る 酒の肴・副菜

豆腐のサラダ
白ごまのドレッシング

豆腐のサラダ
黒ごまのドレッシング

豆腐キムチ

日本でもおなじみの組み合わせです。
盛り付けをちょっと工夫すれば、おもてなしにも使える一品に。
(料理／金順子)

材料（2人分）

木綿豆腐 … 1/2丁
キムチ … 100〜120g
豚バラ肉（薄切り）… 100〜120g
A
| コチュジャン … 大さじ1/2
| 醤油 … 大さじ1/2
| ゴマ油 … 大さじ1
| みりん … 大さじ1
| 酒 … 大さじ1
刻み海苔 … 少量

作り方

1. 豆腐は8等分に切っておく。
2. 鍋に、食べやすい幅に切った豚バラ肉と**A**を入れて蓋をし、弱火にかける。
3. 豚肉に火が入ったら蓋をはずし、キムチを入れて強火で炒める。
4. 1の豆腐と3の豚キムチを器に盛り合わせ、豆腐の上に刻み海苔をのせる。豆腐と豚キムチを合わせて食べる。

ポイント

- 豚肉に火が通り、水気がなくなってきてからキムチを加える。
- キムチを入れたら必ず強火で炒める。

豆腐のサラダ 白ごまのドレッシング

ゴマ風味のドレッシングが、豆腐によく合います。
ゴマは白でも黒でも（下記参照）お好みで。
（料理／金順子）

材料（1〜2人分）

絹漉し豆腐 … 1/2丁
ドレッシング（作りやすい量）
　豆乳 … 150cc
　白すりゴマ … 30〜40g
　レモン果汁 … 1個分
　砂糖 … 大さじ1
　塩 … 小さじ1
　マヨネーズ … 大さじ3
　ゴマ油 … 大さじ1
野菜
　玉ネギ … 1/2個
　パプリカ（赤・黄）… 少量
　ルコラ（または水菜）… 1/2束

作り方

1. 玉ネギは薄切りにして水にさらし、水気を切る。パプリカは薄切りにする。ルコラ（または水菜）は3等分の長さに切り、水に放し、水気を取っておく。
2. ドレッシングを作る。豆乳以外の材料をボウルでよく混ぜ合わせ、豆乳を少しずつ加えながら混ぜる。
3. 器に野菜を彩りよく混ぜて敷き、豆腐をのせ、2のドレッシングをかける。

ポイント

ドレッシングを作る際、豆乳は後から少しずつ加えて混ぜると混ざりやすい。

豆腐のサラダ 黒ごまのドレッシング

上記のドレッシングの白すりゴマを
黒すりゴマに替え、あとは同様に作ります。
（料理／金順子）

豆腐で作る　酒の肴・副菜

豆腐のスモーク

塩漬け豆腐のハニースモーク

豆腐で作る 酒の肴・副菜

蒸し揚げぎょうざ

豆腐で作る 酒の肴・副菜

豆腐のスモーク

フライパンで作れる簡単燻製です。
ウイスキーや焼酎などのお酒によく合います。
(料理／笠原将弘)

材料（作りやすい量）

木綿豆腐 … 1丁
塩 … 少量
黒コショウ … 少量
粒マスタード … 少量
レモン … 適量
レタス … 適量
スモーク用桜のチップ … 少量

ポイント
好みで他の燻製チップで作ってもおいしい。

作り方

1. 豆腐はペーパータオルに包んで30分ほどおき、しっかり水切りする。4等分に切る。
2. 1の表面に塩、黒コショウをまぶし、金網にのせる。
3. 桜のチップをフライパンに入れて火にかけ、煙が出たら2をのせ、ボウルをかぶせる。弱火にして6〜7分燻す。
4. 器に盛り、レタス、切ったレモン、粒マスタードを添える。

塩漬け豆腐のハニースモーク

豆腐のステーキ。豆腐は塩漬けにすることで、
単に水抜きしたものとは違う旨みが出ます。
(料理／和知 徹)

材料（1人分）

木綿豆腐 … 1丁（200g）
塩 … 5g
スモーク用桜のチップ … 30g
片栗粉 … 適量
無塩バター … 40g
ソース
　無塩バター … 10g
　ニンニク（粗みじん切り） … 1粒分
　ハチミツ … 大さじ2
　マスタード … 大さじ1
クレソン … 適量

作り方

1. 豆腐の全面に塩をふり、ペーパータオルにのせて冷蔵庫に一晩おく。
2. フライパンに桜のチップを入れ、網をのせて中火にかける。水気を切った1をペーパータオルから取り出してのせ、蓋をして片面5分ずつ燻す。
3. 2の豆腐の全面に片栗粉をまぶす。無塩バターを熱したフライパンに入れ、まんべんなく焼き色をつける。皿に盛り付ける。
4. ソースを作る。3のフライパンの油を捨て、無塩バター、ニンニクを入れて弱火にかける。ニンニクが色づいてきたらハチミツ、マスタードを加えて混ぜる。3の豆腐にかけ、クレソンを添える。

蒸し揚げぎょうざ

水の代わりに豆腐を加えて生地を作ります。
一度蒸してから揚げることにより、形が崩れにくく、色よく揚がります。
（料理／小林武志）

材料（4人分）

A
　強力粉 … 200g
　木綿豆腐 … 1丁
　塩 … ひとつまみ

B
　豚挽き肉 … 200g
　長ネギ（みじん切り）… 大さじ2
　紹興酒 … 大さじ1
　片栗粉 … 小さじ1
　醤油 … 小さじ1
　塩 … 2g
　砂糖 … 2g
　コショウ … 少量

揚げ油 … 適量

作り方

1. ボウルにAの材料を合わせて練る。まとまってきたら台に取り出し、更に練って生地を作る（a～c。途中、水分が多いようなら打ち粉をしながら仕上げていく）。丸くまとめて（d）ビニール袋に入れ、常温でしばらくねかせておく。
2. 別のボウルにBを合わせ、よく練っておく。
3. 1の生地を棒状に伸ばし、端から30gずつ切り出す（e）。麺棒を使って直径8cmに丸く伸ばす（f）。
4. 3の皮1枚につき、2のあんを20gのせて半分に折りたたみ、口を密着させて閉じる（g～i）。
5. 4を皿に並べ、蒸気の立った蒸し器に入れて、強火で7分ほど蒸して火を通す。
6. 5の表面に強力粉（分量外）をはたき、180℃の油で揚げる。

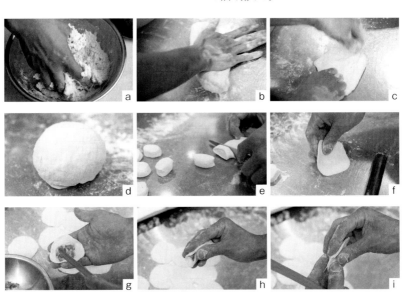

豆腐で作る 酒の肴・副菜

えびとかぼちゃの白和え

ほうれん草、にんじん、しいたけの白和え

とうもろこしと枝豆の白和え

マスカットの白和え

生ハム、柿、甘栗の白和え

白和え5種

豆腐で作る 酒の肴・副菜

帆立、プチトマト、アボカドの
白酢和え

なすとくずし豆腐の和え物

白和え5種

具材の汁気をしっかり取り、食べる直前に和えてください。
（料理／笠原将弘）

生ハム、柿、甘栗の白和え

材料（2人分）

生ハム … 20g
柿（皮をむく）… 1/2個
甘栗（皮をむく）… 30g
白和え衣（右記参照）… 適量
黒コショウ … 少量

作り方

生ハム、柿、甘栗を食べやすい大きさに切り、合わせて白和え衣で和える。器に盛り、黒コショウをふる。

とうもろこしと枝豆の白和え

材料（2人分）

トウモロコシ（皮付き）… 1本
枝豆（サヤ入り）… 100g
塩 … 少量
白和え衣（右記参照）… 適量

作り方

1. トウモロコシは皮付きのまま蒸して火を入れ、実を包丁ではずす。
2. 枝豆は塩ゆでしてザルに上げて冷まし、サヤと薄皮をむく。
3. 1、2を合わせて白和え衣で和える。

マスカットの白和え

材料（2人分）

シャインマスカット … 10粒
白和え衣（右記参照）… 適量

作り方

シャインマスカット（種なしで皮ごと食べられるブドウ）を白和え衣で和える。

えびとかぼちゃの白和え

材料（2人分）

エビ（殻付き）… 4本
カボチャ … 200g
塩 … 少量
A
　だし汁 … 300cc
　薄口醤油 … 大さじ1
　みりん … 大さじ1
白和え衣（右記参照）… 適量

作り方

1. エビは殻付きのまま塩ゆでして氷水に落とす。殻と背ワタを取り、2cm長さに切る。
2. カボチャは種とワタを取り、2cm角に切ってAで10分ほど煮る。火からおろしてそのまま冷ます。
3. 1、2の水気を取り、合わせて白和え衣で和える。

ほうれん草、にんじん、しいたけの白和え

材料（2人分）

ホウレン草 … 1/2把
ニンジン … 80g
シイタケ（薄切り）… 2枚分
塩 … 適量
A
　だし汁 … 300cc
　薄口醤油 … 大さじ2
　みりん … 大さじ2
白和え衣（下記参照）… 適量

作り方

1. ホウレン草は塩ゆでして氷水に落とし、しっかりと水気を絞る。ざく切りにする。
2. ニンジンは3cm長さの拍子木切りにし、シイタケとともにをAでさっと煮て火を止め、そのまま冷ます。冷めたら1を加えて味を含ませた後、汁気をしっかり切り、白和え衣で和える。

白和え衣（作りやすい量）

木綿豆腐150gをペーパータオルで包んで30分ほどおき、しっかり水切りした後、薄口醤油小さじ2、砂糖小さじ2、練りゴマ（白）小さじ1とともにフードプロセッサーにかける。

豆腐で作る　酒の肴・副菜

帆立、プチトマト、アボカドの白酢和え

豆腐に千鳥酢のやさしい酸味や
ハチミツの甘みなどを加えて作る和え衣は、魚介や野菜によく合います。
（料理／笠原将弘）

材料（作りやすい量）

絹漉し豆腐 … 150g
A
　千鳥酢 … 大さじ2
　太白ゴマ油 … 大さじ2
　塩 … 小さじ1/2
　ハチミツ … 大さじ1
プチトマト … 3個
アボカド … 1/2個
ホタテ貝柱 … 2個
塩 … 少量

作り方

1. 豆腐をペーパータオルで包んで30分ほどおき、しっかり水切りする。
2. 1をAとともにフードプロセッサーにかけて、なめらかにする。
3. プチトマトはヘタを取り、半分に切る。アボカドは皮と種を取り、2cm角に切る。
4. ホタテ貝柱は軽く塩をふり、強火にかけたフライパンで両面をさっと焼き、手でちぎる。
5. 3、4を合わせて2で和える。

なすとくずし豆腐の和え物

くずした豆腐がナスにからんでおいしい。手早く和えれば味もぼやけません。
ナスをゆでる際は、最後に酢を加えると鮮やかな緑色に。
（料理／小林武志）

材料（2人分）

ナス（小）… 1本
木綿豆腐 … 1/2丁
香菜の茎（1cm長さに切る）… 3本分
A
　塩 … 小さじ1/3
　砂糖 … 少量
　ゴマ油 … 小さじ1
　葱油（右記参照）… 小さじ1
　醤油 … 小さじ1
　オイスターソース … 小さじ1/3
　紹興酒 … 小さじ1/2

作り方

1. 豆腐はタオルに包み、水分を切っておく。
2. ナスはヘタを切り落とし、縦半分に切り、斜め2mm幅の薄切りにする。
3. 塩（分量外）を加えて沸騰させた湯に2のナスをさっと通し、タオルで水分を取る。
4. ボウルに1の豆腐を入れ、くずしながらAの調味料を加える。
5. 最後に3のナスと香菜を加えて混ぜ、器に盛る。

葱油

長ネギ1/2本分を小口切りにし、200ccのサラダ油に入れてゆっくり加熱しながら混ぜ、茶色く色づいたら熱いうちに漉して冷ます。

二色田楽

2種類の合わせ味噌で作って盛り合わせれば、
見た目と味の変化が楽しめます。
(料理／笠原将弘)

材料（2人分）

木綿豆腐 … 1丁
A
　白味噌 … 200g
　卵黄 … 2個
　酒 … 50cc
　砂糖 … 40g
B
　赤味噌 … 200g
　卵黄 … 2個
　酒 … 30cc
　みりん … 40cc
　砂糖 … 40g
　ゴマ油 … 小さじ1
木の芽 … 少量
白煎りゴマ … 少量

作り方

1. 豆腐は軽く水切りし、一口大に切って串に刺す。
2. A、Bは、それぞれ鍋に入れて混ぜ合わせ、火にかけて練る。
3. 1をオーブントースターで温める程度に焼いてから、2の味噌を1種類ずつ塗り、再びオーブントースターで焼き目をつける。
4. 白味噌のほうには木の芽を、赤味噌のほうには白ゴマをのせる。

豆腐で作る 酒の肴・副菜

揚げ出し豆腐

なめこ入りのあんをかけました。
最後にふる柚子の香りで、おいしさがぐっと増します。
(料理／笠原将弘)

材料(作りやすい量)

絹漉し豆腐 … 1丁
片栗粉 … 適量
大根おろし … 大さじ2
なめこ … 1パック
ミツバ … 1/3把
刻み海苔 … 適量
青柚子皮 … 少量
A
　だし汁 … 300cc
　醤油 … 大さじ2
　みりん … 大さじ2
水溶き片栗粉(片栗粉1：水1.5の割合)
　… 適量
揚げ油 … 適量

作り方

1. なめこは下ゆでして水気を切る。ミツバは1cm長さに切る。
2. 鍋にAと1のなめこを入れてひと煮立ちさせ、水溶き片栗粉でとろみをつける。大根おろしを加えて混ぜる。
3. 豆腐は水気をふき取り、4等分に切る。片栗粉をまぶし、180℃の油で3～4分揚げる。
4. 3を器に入れ、2をかけて刻み海苔をのせ、ミツバ、すりおろした柚子皮を散らす。

ポイント

粉をまぶしたら、すぐに揚げる。

豆腐で作る 酒の肴・副菜

豆腐ともやしの和え物

カラシの風味がピリッときいたもやしと、
淡白な豆腐の組み合わせがいいバランスです。
(料理／金順子)

材料（2人分）

木綿豆腐 … 1/2丁
緑豆もやし … 1袋
水菜 … 適量
パプリカ（赤・黄）… 適量
サラダ油 … 適量
カラシソース
　練りガラシ … 適量
　A
　　塩 … 大さじ1
　　砂糖 … 大さじ1
　　ニンニク（すりおろし）… 少量
　　酢 … 小さじ2

作り方

1. 豆腐はふきんの上に10分ほどおいて水切りした後、8等分に切る。
2. 緑豆もやしはゆでて、水気を切る。水菜はもやしと同じぐらいの長さに切り、パプリカは細切りにする。
3. カラシソースを作る。ボウルにAを入れて混ぜ合わせ、カラシを加えながら混ぜる（好みの辛さになるまで、味を確認しながら加える）。
4. 1の豆腐を、サラダ油をひいたフライパンで焼く。
5. ボウルに2の野菜を合わせて入れ、3のカラシソースを加えて和える。
6. 4の豆腐を器に並べて盛り、5を添える。食べるときに豆腐と野菜を一緒に食べる。

ポイント

カラシソースのカラシは入れすぎると辛くなりすぎるので、味を見ながら少しずつ加える。

煎り豆腐

定番のお惣菜です。彩りも考えて、野菜をバランスよく加えましょう。
(料理/笠原将弘)

材料(作りやすい量)

木綿豆腐 … 1丁
ニラ … 1/3把
シイタケ … 2枚
ニンジン … 50g
ゴマ油 … 大さじ2
A
　薄口醤油 … 大さじ1½
　酒 … 大さじ2
　砂糖 … 小さじ2

作り方

1. 豆腐は軽く水気を切っておく。
2. ニラは5cm長さに、シイタケは薄切りに、ニンジンはせん切りにする。
3. フライパンにゴマ油を熱し、1を手でちぎって加え、炒める。
4. 3に2を加えて炒め合わせ、Aを加えて炒める。器に盛る。

豆腐の素揚げ

しっかりと揚げた豆腐を、潮州風のたれにつけながら食べます。
(料理／小林武志)

材料 (作りやすい量)

木綿豆腐 … 1丁
揚げ油 … 適量

たれ

A
　ニンニク (みじん切り) … 1粒分
　赤生唐辛子 (薄切り) … 1本分
　水 … 200cc
　塩 … 小さじ1/2
　砂糖 … 大さじ3 1/2
　酢 … 大さじ3
　ナンプラー … 大さじ1 1/2
　紹興酒 … 大さじ1
　醤油 … 小さじ1/2
レモン (皮をむいていちょう切り)
　… 1/4個分
香菜 (みじん切り) … 1株分
＊Aをボウルで混ぜ合わせ、レモンと香菜を加える。

作り方

1. 豆腐は一口大に切る。
2. 揚げ油を180℃に熱し、1を入れて、ゆっくりキツネ色に揚げる。
3. 豆腐がしっかり揚がったらペーパータオルにとり、油を切って器に盛り付ける。
4. たれを小皿に入れて添える。

ポイント

- 豆腐は切り分けたらすぐに揚げてよい。
- 表面をしっかりカリッと揚げ固める。

豆腐で作る 酒の肴・副菜

揚げ豆腐の辛み煮

蛇腹状に包丁を入れた豆腐を一度油で揚げてから、辛みのきいたたれで煮込みます。
味を染み込みやすくさせるための方法ですが、蛇腹の豆腐は見た目もおもしろい。
（料理／小林武志）

材料（作りやすい量）

木綿豆腐 … 1丁
ニンニク（薄切り）… 1粒分
タカノツメ … 10本
サラダ油 … 大さじ1
A
　鶏ガラスープ … 400cc
　醤油 … 大さじ2
　中国たまり醤油 … 小さじ1
　紹興酒 … 小さじ1
　砂糖 … 大さじ1
　ラー油 … 小さじ2
揚げ油 … 適量

作り方

1. 豆腐を縦半分に切り、切り離さないように注意しながら、蛇腹になるよう表と裏に互い違いに切り込みを入れる。
2. 揚げ油を180℃に熱し、1の豆腐を入れ、お玉で上から油をかけながら切り目が広く開くように揚げる。キツネ色に揚がったら、網に上げて油をしっかり切っておく(a)。
3. 鍋にサラダ油大さじ1、ニンニク、タカノツメを入れて炒める。香りが出たらAを加え、2の豆腐を入れてしばらく弱火で煮込む。
4. ときどきまわりの煮汁をかけたり、豆腐をお玉で軽く押したりしながら煮込み、味がなじんだら器に盛る。

ポイント

- 揚げた豆腐の油はよく切る。
- 味をつけるときは、豆腐の中に染み込んだ味を想像して少し濃い目に味つけるとよい。

豆腐で作る 酒の肴・副菜

ねぎ豆腐炒め

ゴマ油で炒めたネギの風味がおいしい！食べるスープのような一品です。
(料理／笠原将弘)

材料（2人分）

絹漉し豆腐 … 300g
長ネギ … 1本
万能ネギ … 5本
黒コショウ … 少量
水溶き片栗粉 … 適量
ゴマ油 … 大さじ1
A
　鶏ガラスープ … 300cc
　薄口醤油 … 大さじ1
　みりん … 大さじ1
　塩 … 少量

作り方

1. 豆腐は軽く水切りしておく。
2. 長ネギと万能ネギは小口切りにしておく。
3. フライパンにゴマ油を熱して長ネギを入れ、焦がさないように弱火で、香りが立つまで炒める。
4. 3にAを入れてひと煮立ちさせ、水溶き片栗粉でとろみをつける。
5. 4に豆腐をくずし入れてゆっくりかき混ぜ、豆腐に火が入るまで温める。
6. 器に盛り、万能ネギ、黒コショウをふる。

ポイント

ネギは焦がさないように注意してじっくり炒め、香りを出す。

厚揚げのスパイス風味フリット

コクがあって少しだけお腹にもたまるおつまみです。
仕上げに塩をきかせるとよいでしょう。
(料理／和知 徹)

材料（2人分）

厚揚げ … 1個（160g）
ミックススパイス（作りやすい量）
　ガーリックパウダー … 小さじ1/2
　パプリカパウダー … 大さじ1
　黒コショウ … 大さじ1
　シナモンパウダー … 大さじ1
　クミンパウダー … 大さじ1
　＊混ぜ合わせる。
ニンニク（すりおろし）… 少量
玉ネギ（すりおろし）… 小さじ1
溶き卵 … 小さじ2
片栗粉 … 適量
揚げ油（サラダ油）… 適量
フルール・ド・セル（大粒の天日塩）
　… 適量
ライム … 適量

ポイント

厚揚げは、もっちりとしたタイプの絹厚揚げを使うとよりおいしい。

作り方

1. 厚揚げは縦4等分の棒状に切る。ボウルに入れ、ミックススパイス大さじ1をまぶす。ニンニク、玉ネギを加えてからめる。
2. 1に溶き卵を入れてからめ、片栗粉をまぶす。
3. 180℃のサラダ油で表面がカリッとするぐらいに揚げる。皿に盛り、フルール・ド・セルをふってライムを添える。

豆腐で作る 酒の肴・副菜

豆腐のえびすり身詰め蒸し オイスターソース風味

蒸したり、揚げたり、あんをかけたり。
さまざまなアレンジが可能です。
（料理／小林武志）

材料（2人分）

木綿豆腐 … 1丁
エビのすり身 … 160g
A（オイスターソースのあん）
　鶏ガラスープ … 200cc
　砂糖 … 小さじ1
　オイスターソース … 大さじ1
　水溶き片栗粉 … 大さじ1
　＊スープと調味料を合わせて沸かし、
　水溶き片栗粉でとろみをつける。
レタス … 適量

作り方

1. 豆腐を三角に切り出し、斜めの面にナイフで削ってくぼみをつけ（a）、薄く片栗粉（分量外）をまぶす（b）。
2. 1のくぼみにエビのすり身を詰める（c）。皿に並べて蒸し器に入れ、強火で7分ほど蒸して火を通す。
3. 盛り付け用の器にレタスを敷き、2の豆腐をのせ、Aのあんをかける。

ポイント

- エビの代わりに挽き肉ベースのあんを詰めてもよい。
- 蒸さずに揚げてもよい。

a

b

c

万願寺唐辛子のえび豆腐あん詰め 煎り焼き

万願寺唐辛子の形状を生かした煎り焼きです。緑色がきれいに出るようにしましょう。
(料理／小林武志)

材料 (作りやすい量)

万願寺唐辛子 … 5本
エビのすり身あん(下記参照) … 150g
木綿豆腐 … 1/2丁
サラダ油 … 適量
A
　唐辛子粉(粗挽き) … 大さじ1
　鶏ガラスープ … 200cc
　塩 … 小さじ1/4
　砂糖 … 小さじ1/4
　紹興酒 … 小さじ1
　醤油 … 小さじ1½

作り方

1. 万願寺唐辛子は枝付きのところを少し切り落とし、中の種とそのまわりの白い部分を取り出しておく。
2. 豆腐はタオルに包み、半日おいて水切りしておく。
3. エビのすり身あんをボウルに入れ、2の豆腐を加えてよく練る。
4. 1に3のあんを詰める(a)。
5. 鍋に4と、4が浸るくらいのサラダ油を入れ、中火で煎り焼く。火が通ったらいったんザルにあけて取り出し、油を切る。
6. 油を切った5の鍋にAを入れて熱し、沸いたら5の万願寺唐辛子を戻し入れ、しばらく煮て、器に盛る。

エビのすり身あん (作りやすい量)

むきエビ … 300g
ラード … 30g
塩 … 3g
砂糖 … 2g
コショウ … 少量
ゴマ油 … 少量
片栗粉 … 小さじ2

掃除したむきエビをみじん切りにし(またはフードプロセッサーにかけ)て、ボウルに入れ、その他の材料をすべて入れてよく練る。

a

飛龍頭

自分で作る飛龍頭は、市販品にはないおいしさ。
でき上がってから一度冷ますと、味が染みて更においしいです。
（料理／笠原将弘）

材料（作りやすい量）

木綿豆腐 … 1丁
大和イモ … 50g
ニンジン … 50g
キクラゲ（戻したもの） … 10g
ユリ根 … 30g
シイタケ … 3枚
塩 … 少量
A
　薄口醤油 … 小さじ1
　みりん … 小さじ1
　塩 … 少量
揚げ油 … 適量
B
　だし汁 … 400cc
　薄口醤油 … 大さじ2
　みりん … 大さじ2
　砂糖 … 大さじ1
生姜（すりおろし） … 少量

作り方

1. 豆腐はペーパータオルで包んで1時間ほどおき、しっかり水切りする(a)。
2. 大和イモは皮をむいてすりおろす(b)。
3. 1、2、Aを、すり鉢（またはフードプロセッサー）でなめらかになるまで混ぜ合わせ(cd)、冷蔵庫で冷やしておく。
4. ニンジン、キクラゲはせん切りにする。ユリ根は1cm角に切り、シイタケは薄切りにする。すべて合わせてさっと塩ゆでする。ザルにあけて水気をよく切っておく(e)。
5. 3の生地に4を加えて混ぜ合わせる(f)。6等分にし、サラダ油（分量外）をつけた手で丸める(gh)。
6. 5を160℃の油で4〜5分揚げる(ij)。ザルなどにのせて沸騰した湯に10秒ほど入れ(k)、油抜きする。
7. 鍋にBと6を入れて火にかける。沸いたら中火にし、10分煮る(l)。
8. 器に盛り、おろし生姜をのせる。

擬製豆腐

豆腐と野菜などを炒めて卵を加え、再び形作って火を入れます。
見た目も端正なので、おもてなしにも使えるでしょう。
(料理／笠原将弘)

材料（9cm×6cm×22cmの型1本分）

木綿豆腐 … 300g
シイタケ … 2枚
ニンジン … 60g
長ネギ … 1/2本
ミツバ … 5本
卵 … 3個
サラダ油 … 大さじ1
塩 … ひとつまみ
A
　砂糖 … 大さじ2
　薄口醤油 … 大さじ1 1/2

作り方

1. 豆腐はペーパータオルに包んで1時間ほどおき、しっかり水切りする。
2. シイタケは薄切りに、ニンジンはせん切りに、長ネギは斜め薄切りにする。
3. ミツバは1cm長さに切る。
4. フライパンにサラダ油を熱し、2を入れて塩をふって炒める。しんなりしたら、1の豆腐を手でくずしながら加え、強火で水分を飛ばしながら炒める。Aを加えて炒め合わせる。
5. 火を止めて、溶き卵を少しずつ加えて混ぜ合わせ、半熟状にする(a)。ミツバを加える。
6. 型にオーブンシートを敷き込み、5を入れてきっちり詰める(bc)。230℃のオーブンで20分ほど焼く。オーブンから取り出し、そのまま冷ましておく(d)。冷めたら食べやすく切り分けて器に盛る。

a

b

c

d

豆腐のグラタン

大豆の香りがほのかにする、素朴な味わいのグラタンです。
なめらかなタイプの豆腐を使うと、クリーミーさが際立ちます。
(料理/和知 徹)

材料(2人分)

なめらか豆腐(※)… 110g
無塩バター … 適量
ニンニク … 1粒
リガトーニ(またはマカロニ。乾燥)
　… 40g
グリュイエール・チーズ(または
　溶けるタイプの他のチーズ)… 60g
豆乳のホワイトソース
　豆乳 … 400cc
　無塩バター … 25g
　強力粉 … 25g
　塩 … 少量
　ナツメグ … 少量

※なめらか豆腐:カップ入りで、塩やたれ付きで売られているそのまま食べるタイプの製品。いくつかのメーカーからさまざまな商品名で出ている。

ポイント

豆乳で作るホワイトソースは、強火で炊くと分離するので、煮立たせないよう弱火で加熱すること。

作り方

1. 豆乳のホワイトソースを作る。鍋に無塩バターと強力粉を入れ、ヘラで混ぜながら炒める。冷たい豆乳を一度に加え、ヘラで混ぜながら粉気がなくなるまで弱火で加熱する。塩、ナツメグで味を調える。
2. グラタン皿に無塩バターを塗り、半分に切ったニンニクの切り口をすりつける。リガトーニをゆでて水気を切り、グラタン皿に入れる。全面になめらか豆腐をほぐしてのせ、すりおろしたグリュイエール・チーズ30gをのせる。豆乳のホワイトソースをのせて覆い、残りのグリュイエール・チーズをのせる。
3. 250℃のオーブンで15～20分焼く。

豆腐で作る 酒の肴・副菜

けんちん春巻き

おかずにも、おつまみにもなる一品。
（料理／笠原将弘）

材料（作りやすい量）

木綿豆腐 … 1丁
春巻きの皮 … 5枚
ゴボウ … 50g
ニンジン … 30g
シイタケ … 2枚
ミツバ … 3本
サラダ油 … 大さじ1
塩 … 少量
薄力粉 … 少量
A
　だし汁 … 100cc
　砂糖 … 大さじ1
　醤油 … 大さじ1
揚げ油 … 適量
すだち … 1個

作り方

1. 豆腐はペーパータオルで包んで1時間ほどおき、しっかり水切りする。
2. ゴボウはささがきにし、ニンジンはせん切りに、シイタケは薄切りにする。
3. フライパンにサラダ油を熱して2を入れ、塩を少量ふってしんなりするまで炒める。
4. 3に1をちぎりながら加えて炒め合わせ、Aを入れ、煮汁がなくなるまで炒めた後、ざく切りにしたミツバを加えて混ぜ合わせる。
5. 4をバットに広げて冷ましておく。
6. 春巻きの皮に、5を適量のせて巻く（ふた巻きしてから、左右を折り込んで巻き上げる。a〜d）。皮の端に、水で溶いた薄力粉を塗ってとめる。
7. 6を170℃の油で3〜4分揚げる。器に盛り、切ったすだちと塩を添える。

a

b

c

d

豆腐で作る 酒の肴・副菜

おぼろ豆腐オムレツ

やわらかいおぼろ豆腐を半熟卵で包み込み、
ふんわりオムレツに。旨みのあるマッシュルームのソースでどうぞ。
(料理／和知 徹)

材料 (1人分)

- おぼろ豆腐 … 130g
- 塩、黒コショウ … 各適量
- 無塩バター … 15g
- 全卵 (溶き卵) … 3個分

ソース
- マッシュルーム … 100g
- ニンニク (みじん切り) … 1粒分
- 無塩バター … 20g
- 生クリーム … 50g
- チキンブイヨン … 50cc
- 塩、黒コショウ … 各適量

イタリアンパセリ (みじん切り) … 適量

作り方

1. ソースを作る。マッシュルームを厚めにスライスする。フライパンにニンニクと無塩バターを入れて熱し、マッシュルームを入れて中火で炒める。
2. マッシュルームから出た水分が飛んだら、塩、黒コショウで調味する。生クリーム、チキンブイヨンを加え、1/3量になるまで煮詰める。
3. おぼろ豆腐は水気を切り、少量の塩と黒コショウをふり、ラップフィルムをかけて700Wの電子レンジで25秒ほど温める。
4. テフロン加工のフライパンに無塩バターを入れて中火で溶かし、溶き卵を流し込む。強火にし、縁の卵を内側にまわすように混ぜ、半熟に火を通す。中央に3のおぼろ豆腐をのせ、ていねいに包み込む。
5. 皿に4を盛り、2のソースをかけて、イタリアンパセリをふる。

豆腐のポテトサラダ風

野菜をたっぷり入れると、ポテトサラダよりもあっさり、
フレッシュなおいしさが楽しめます。パンにのせてどうぞ。
(料理／和知 徹)

材料(2人分)

絹漉し豆腐 … 350g
なめらか豆腐 (p.45参照) … 110g
無塩バター … 30g
玉ネギ (薄切り) … 1/2個分 (110g)
ベーコン (スライスを5㎜幅に切る)
　　… 90g
刻み揚げ (細切りの油揚げ) … 60g
ニンジン … 30g
サヤインゲン … 30g
キュウリ … 30g
ケイパー … 大さじ1
ゆで卵 … 2個
緑オリーブ (種なし) … 10粒
ソイマヨネーズ (p.49参照。
　またはマヨネーズ) … 大さじ2
塩、黒コショウ … 各適量
パン・ド・カンパーニュ (薄切り)
　… 2枚 (1枚100g)
オリーブ油 … 少量
イタリアンパセリ (葉) … 少量

作り方

1. フライパンに無塩バターを入れ、中火にかける。玉ネギを入れてしんなりとするまで炒めたら、ベーコンと刻み揚げを順に加えて炒める。絹漉し豆腐を入れ、ヘラでくずしながら炒める。なじんだらボウルに取り出し、冷ます。
2. ニンジンとサヤインゲンはそれぞれ塩ゆでし、細かく切る。キュウリは薄切りにする。
3. 1になめらか豆腐、ケイパー、2を加えて混ぜる。ゆで卵はくずしながら混ぜる。緑オリーブは手でちぎって入れ、ソイマヨネーズを加えて混ぜ合わせる。塩、黒コショウで調味する。
4. パン・ド・カンパーニュにオリーブ油を塗り、トーストする。3をのせてイタリアンパセリを散らす。

ソイマヨネーズのサンドイッチ

絹漉し豆腐で作るなめらかなソースは、クセがないので、さまざまな具と合わせることができます。
(料理／和知 徹)

材料 (作りやすい量)

ソイマヨネーズ
　絹漉し豆腐 … 350g
　マスタード … 小さじ4
　白ワインビネガー … 小さじ2
　塩 … 小さじ1/2
食パン (8枚切り) … 6枚
マスタード … 適量
ハチミツ … 少量
キュウリ … 1/2本
ロースハム … 2枚
ゴーダ・チーズ … 20g

ポイント

隠し味に少量のハチミツを塗ると、大豆の甘みと相まってコクが出る。

作り方

1. ソイマヨネーズの材料をフードプロセッサーにかけ、なめらかなソースを作る。
2. キュウリは縦薄切りにする。ゴーダ・チーズは厚さ3〜4mmの薄切りにする。
3. 食パンの耳を切り落とす。3枚の片面にマスタードを塗り、それぞれ小さじ1/4ほどのハチミツを塗る。もう3枚には多めにソイマヨネーズを塗り、1枚にはキュウリを、もう1枚にはハムを、残りの1枚にはゴーダ・チーズを並べ、それぞれマスタードを塗った食パンをのせて挟む。縦横4等分に切り、皿に盛る。

豆腐もち磯辺焼き

豆腐に白玉粉を加えて練り、もちもちとした食感に。
(料理 / 笠原将弘)

材料（作りやすい量）

木綿豆腐 … 1丁
白玉粉 … 200g
塩 … 小さじ1/2
サラダ油 … 大さじ2
焼き海苔 … 適量
A
　醤油 … 大さじ2
　みりん … 大さじ3

作り方

1. ボウルに豆腐を入れて手でくずし、白玉粉を少しずつ加えながら手で練っていく。塩を加えて更に練り、耳たぶくらいの固さにする。
2. 1を大きめの一口大程度の小判形にし、沸騰した湯に入れてゆでる。浮いてきたら取り出し、水気を切る。
3. フライパンにサラダ油を熱し、2を入れて両面を焼く。Aを加えてからめる。
4. 3を海苔で包んで器に盛る。

豆腐で作る 酒の肴・副菜

枇杷豆腐（ビーパードウフ）

エビのすり身と豆腐を合わせ、ビワ形にして油で揚げ、
あんかけにしたり、煎り焼いたりします。あるいは揚げずに蒸して、あんをかけても。
（料理／小林武志）

材料（2人分）

木綿豆腐 … 200g
エビのすり身（細かいもの）… 100g
A
　塩 … 小さじ1/3
　砂糖 … 小さじ1/4
　コショウ … 少量
　片栗粉 … 小さじ2
揚げ油 … 適量
B
　鶏ガラスープ … 適量
　塩 … 適量
　水溶き片栗粉 … 適量
中国ハム（みじん切り。なければ普通のロースハムでよい）… 少量

作り方

1. 豆腐はタオルで包んでにぎりつぶし、しっかりと水分を絞り取る。
2. ボウルにエビのすり身と1の豆腐を合わせてよく練り、Aを加えて更にしっかり練っておく。
3. 揚げ油を170℃に熱し、2をスプーンを使ってビワ形に形作って入れ、ゆっくり揚げていく。
4. 火が通りキツネ色に揚がったら、油を切って器に盛る。
5. Bの鶏ガラスープを熱して塩で味つけ、水溶き片栗粉でとろみをつけて4の上からかけ、みじん切りの中国ハムをのせる。

ポイント

- 豆腐はしっかり水切りする。
- エビのすり身は細かいほうが、きれいに仕上がる。

豆腐で作る 煮物・鍋・汁物

食卓で大活躍してくれそうな、こっくりとした味の煮物や鍋物。
豆腐を具にしたシンプルな汁物。
どれも主食に合わせて食べたい料理で、
毎日の食事作りの強い味方になってくれそうです。

麻婆豆腐
（マーボードウフ）

豆腐の水分を出すように煮込むことで、
食べている途中で水っぽくならないおいしい麻婆豆腐になります。
（料理／小林武志）

材料（2人分）

木綿豆腐 … 1丁
豚挽き肉 … 100g
A
　甜麺醤（テンメンジャン）… 大さじ1
　醤油 … 小さじ2
サラダ油 … 大さじ3
B
　ニンニク（みじん切り）… 小さじ1
　生姜（みじん切り）… 小さじ1
　長ネギ（みじん切り）… 大さじ2
　豆板醤 … 大さじ1
　豆豉（トウチ）… 小さじ2
鶏ガラスープ … 150cc
C
　砂糖 … ひとつまみ
　中国たまり醤油 … 小さじ1
　コショウ … 少量
水溶き片栗粉（水2：片栗粉1）… 少量
ラー油 … 大さじ3
花椒粉（中国山椒の粉）… 適量

作り方

1. 豆腐は1.5cm角に切り、ザルにのせてしばらくおき、水気を切っておく。
2. 豚挽き肉は、油返しをした鍋に入れて炒め、白っぽくなったら**A**の甜麺醤、醤油を加えて更に炒め、味つけておく。
3. 油返しをした鍋にサラダ油大さじ3を入れ、**B**を入れて炒めて香りを出す。豚挽き肉を入れて少し炒め（a）、鶏ガラスープを加える（b）。強火で少し沸かして**B**の味をしっかり出したら1の豆腐を入れ（c）、**C**の調味料を加える（d）。グツグツと泡が出る火加減でしばらく煮込んで味をなじませる（e。豆腐がくずれるのであまり触らない）。
4. 3の鍋をまわしながら水溶き片栗粉を加えてとろみをつけ（f）、ラー油、花椒粉を加えて仕上げる。

※油返し：中華鍋を火にかけ、温まったら多めのサラダ油を入れて鍋肌全体にまわし、油をオイルポットに戻す。

豆腐で作る 煮物・鍋・汁物

肉豆腐

ボリュームたっぷりの煮物。豆腐は大きめに切り、
豪快に盛り付けるのがいいでしょう。
(料理／笠原将弘)

材料(作りやすい量)

焼き豆腐 … 1丁
長ネギ … 1本
しらたき … 1パック
牛切り落とし肉 … 200g
キヌサヤ … 6枚
A
| みりん … 200cc
| 水 … 100cc
| 酒 … 100cc
| 醤油 … 100cc
| 砂糖 … 大さじ2
| だし昆布 … 5g

作り方

1. しらたきは下ゆでして水気を切り、食べやすく切る。同じ湯で牛肉もさっとゆがいておく。
2. 長ネギは斜め薄切りにする。
3. 焼き豆腐は水気をふき取り、2等分に切る。
4. 鍋にAを入れてひと煮立ちさせ、1、2、3を重ならないように並べ入れる。アルミ箔で落とし蓋をし、中火で15〜20分煮る。
5. 筋を取ったキヌサヤを加えてさっと煮たら、火を止めていったん冷ます。
6. 5を温めなおして器に盛る。

ポイント

煮上がってからいったん冷ますことにより、味が染みる。

豆腐と豚ばら肉のカレー味の煮込み 香港風

香港の下町の味です。豆腐とカレー味の組み合わせが新鮮。
カレースープなので、風味はありますが味は薄めであっさりしています。
（料理／小林武志）

材料（作りやすい量）

木綿豆腐 … 1丁
牛バラ肉（薄切り）… 200g
ワケギ（5cm長さに切る）… 1本分
カレー粉 … 大さじ1
サラダ油 … 大さじ2
A
　鶏ガラスープ … 600cc
　醤油 … 大さじ2
　オイスターソース … 小さじ1
　砂糖 … 小さじ1
　塩 … 小さじ1/3
　紹興酒 … 大さじ1

作り方

1. 豆腐と牛肉は食べやすい大きさに切る。
2. 鍋にサラダ油とカレー粉を入れ、弱火にかけて香りを出し、Aを順に加える。
3. 2に牛肉を入れ、次に豆腐を入れて、味がなじむまで煮込む。
4. 味を調えてワケギを入れ、器に盛る。

豆腐で作る　煮物・鍋・汁物

豆腐の煮付け

豆腐柳川仕立て

豆腐で作る 煮物・鍋・汁物

豆腐つみれ鍋

豆腐の煮付け

甘辛い味つけが、ご飯によく合います。
（料理／金順子）

材料（2人分）

木綿豆腐 … 1/2丁
玉ネギ … 1/2個
長ネギ … 1/2本
サラダ油 … 適量
A
　コチュジャン … 小さじ1
　醤油 … 小さじ1
　みりん … 大さじ1
　ニンニク（すりおろし）… 少量
　だし汁 … 300cc

作り方

1. 豆腐は4等分に切り、水気を切る。
2. 玉ネギ1/2個を、4等分のくし形に切る。長ネギは大きめの斜め切りにする。
3. フライパンにサラダ油をひき、1の豆腐を入れて焼く。
4. 鍋に2を入れて3の豆腐をのせ、**A**を混ぜ合わせて加え、蓋をして中火で10～15分、汁がある程度詰まるまで煮る。

ポイント

- 鍋1つで作るなら、豆腐を焼いていったん取り出し、野菜を敷いて豆腐を戻し入れ、後は同様に作る。
- 豆腐がくずれるので、煮ている途中であまり触らない。

豆腐柳川仕立て

ゴボウを加え、卵でとじる豆腐の柳川仕立て。
ご飯にのせて丼にしてもおいしい。
（料理／笠原将弘）

材料（作りやすい量）

木綿豆腐 … 1丁
ゴボウ … 80g
長ネギ … 1/2本
ミツバ … 3本
卵 … 3個
粉山椒 … 少量
A
　だし汁 … 300cc
　醤油 … 大さじ2
　みりん … 大さじ2
　砂糖 … 大さじ1

作り方

1. 豆腐は軽く水気を切っておく。
2. ゴボウはささがきにし、長ネギは斜め薄切りに、ミツバは1cm長さに切る。
3. 鍋に**A**とゴボウを入れて火にかける。沸いたら中火にし、ゴボウがやわらかくなるまで煮る。
4. 3に長ネギと、手でくずした豆腐を入れて3分ほど煮る。
5. 4に溶き卵を2回に分けてまわし入れ、半熟で火を止めてミツバを散らし、粉山椒をふる。

ポイント

卵は火を入れすぎないように。

豆腐つみれ鍋

豆腐を加えて作ったつみれがフワフワでおいしい。
最後に黒コショウで味を締めましょう。
（料理／笠原将弘）

材料（作りやすい量）

- 木綿豆腐 … 1丁
- 鶏挽き肉 … 150g
- 長ネギ … 1/2本
- 生姜 … 10g
- 白菜 … 1/8個
- シメジ … 1パック
- 水菜 … 1/3把
- 黒コショウ … 少量

A
- 卵 … 1個
- 片栗粉 … 大さじ1
- 塩 … 小さじ1
- 砂糖 … 小さじ1

B
- だし汁 … 1200cc
- 薄口醤油 … 大さじ4
- みりん … 大さじ4

作り方

1. 豆腐はペーパータオルで包んで1時間ほどおき、しっかり水切りする。
2. 長ネギはみじん切りにし、生姜はすりおろす。
3. ボウルに1、2、鶏挽き肉を入れて手でよく混ぜ合わせ、Aを加えて更に混ぜ合わせる。
4. 白菜はざく切りに、シメジは根元を切り落として手でほぐす。水菜は5cm長さに切る。
5. 鍋にBを入れて火にかけ、3をスプーンで丸く形作りながら落とし入れ、火を入れる。
6. 5に4を入れ、火が通るまで中火で煮る。黒コショウをふる。

ポイント

煮るときはやさしい火加減で。

豆腐で作る 煮物・鍋・汁物

春菊と豆腐のワンタン

豆腐で作る 煮物・鍋・汁物

揚げ豆腐と春雨のスープ

豆腐を使った
なんちゃってタンシチュー

春菊と豆腐のワンタン

春菊がきいています。生姜のみじん切りを加えた
酢醤油をつけながら食べると、さっぱりとしておいしい。
(料理／小林武志)

材料 (4人分)

ワンタンの皮 … 適量
木綿豆腐 … 1丁
春菊 … 1束
豚挽き肉 … 150g
A
| 塩 … 4g
| 砂糖 … 4g
| チキンパウダー … 少量
| コショウ … 少量
| 醤油 … 小さじ1
| 片栗粉 … 大さじ1
B
| 鶏ガラスープ … 適量
| 塩 … 適量
姜酢醤油
| 酢2：醤油1の割合で合わせ、
| 生姜（みじん切り）を加える。

作り方

1. 豆腐はタオルで包んでにぎりつぶし、しっかりと水分を絞り取る。
2. 春菊は熱湯でゆでて水気を切り、5mm幅に切っておく。
3. 1の豆腐と豚挽き肉をボウルに合わせてよく練り、Aを加えて更に練る。最後に2の春菊の水分を絞って加える。
4. ワンタンの皮で3のあんを適量ずつ包む（a〜e）。沸騰した湯に入れてゆで、火を通す（浮いてきたらゆで上がり）。
5. 別鍋でBの鶏ガラスープを沸かして塩で味つけ、器に注ぎ入れる。ゆで上がったワンタンをスープの中に入れる。姜酢醤油を添える。

揚げ豆腐と春雨のスープ

春雨をたっぷり使ったスープ。コクを出すために揚げた豆腐を加えます。
コウナゴのちりめんで旨みもプラス。
(料理／小林武志)

材料 (2人分)
春雨 (水に浸けて戻したもの) … 200g
木綿豆腐 … 1丁
コウナゴ (ちりめんじゃこ) … 60g
鶏ガラスープ … 600cc
A
| 塩 … 小さじ1½
| チキンパウダー … 少量
| コショウ … 少量
| 砂糖 … 少量
揚げ油 … 適量

作り方
1. 春雨は水で戻し、食べやすい長さに切っておく。
2. 豆腐は食べやすい大きさに切り、170℃の油で色よく揚げておく。
3. 鍋に鶏ガラスープを入れて沸かし、Aで味をつけ、コウナゴを加えて少し煮込んで味を出し、1の春雨を加える。
4. 3に2の豆腐を浮かべて盛り付ける。

ポイント
時間が経つと春雨がスープを吸ってしまうので、でき上がったら早めに食べる。

豆腐を使ったなんちゃってタンシチュー

強力粉をまぶして焼いてから煮込むことで、豆腐にソースがよくからみます。
低カロリーなのに、食べ応えのあるのが魅力です。
(料理／和知 徹)

材料 (2人分)
絹漉し豆腐 … 1丁
強力粉 … 適量
無塩バター … 20g
ハヤシライスソースのルウ (市販品)
　… 1/2箱 (5皿分)
付け合わせ
| フェットチーネ (乾燥) … 90g
| 無塩バター … 40g
| 生クリーム … 150cc
| 塩、黒コショウ … 各適量
イタリアンパセリ (粗みじん切り) … 適量

作り方
1. 豆腐の厚みを半分に切って2枚にする。豆腐よりも大きいセルクル型 (直径約9cm) で抜き、牛タンに見立てる。全面に強力粉をまぶす。
2. フライパンを熱して無塩バターを溶かし、1を入れて両面に焼き色をつける。
3. ハヤシライスソースのルウと表示された分量の湯を鍋に合わせて煮溶かし、2を入れる。豆腐に火が通り、ソースがからむまで煮る。
4. フェットチーネをゆでて水気を切る。フライパンに無塩バター、生クリームを入れて火にかけ、フェットチーネを入れる。煮詰めてソースをからめ、塩、黒コショウで調味する。
5. 皿に3の豆腐を盛ってソースをかけ、4を添える。イタリアンパセリを飾る。

豆腐で作る 煮物・鍋・汁物

スン豆腐チゲ

豆腐で作る　煮物・鍋・汁物

豆乳入り豆腐チゲ

細切り豆腐のスープ（文思豆腐）

スン豆腐チゲ

スン(純)豆腐は、おぼろ豆腐状のやわらかい豆腐のことですが、絹漉し豆腐でもおいしく作れます。
(料理/金順子)

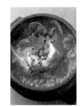

材料(2人分)

絹漉し豆腐 … 1/2丁
アサリ(殻付き。砂抜きしたもの)
　… 10個
A
　玉ネギ … 1/2個
　長ネギ(青い部分) … 1本分
　塩 … 小さじ1
　ニンニク(すりおろし) … 少量
　粗挽き唐辛子 … 大さじ1
　酒 … 大さじ1
　ゴマ油 … 大さじ2
　醤油 … 小さじ1
だし汁 … 500cc
万能ネギ(小口切り) … 少量

作り方

1. 玉ネギは一口大に切る。長ネギは小口切りにする。
2. 鍋にAの材料を入れて炒める(a)。野菜がしんなりしたらアサリとだし汁を入れ(bc)、蓋をして中火で10分ほど煮る(d)。
3. 2に豆腐を入れ、スプーンなどで2、3切れに粗く分ける(e)。アクを軽くひき(f)、豆腐に火が通るまで煮たらでき上がり。万能ネギを散らす。

ポイント

辛い料理だが、辛みは唐辛子の量で調整するとよい。

豆乳入り豆腐チゲ

チゲは鍋料理のこと。これはキムチやコチュジャンで辛みをきかせた、おなじみのチゲです。豆乳でまろやかなコクを加えています。
（料理／金順子）

材料（2～3人分）

木綿豆腐 … 1/4丁
キムチ … 15g
豚バラ肉（薄切り）… 100g
だし汁 … 500cc
豆乳 … 100cc
コチュジャン … 小さじ1
米味噌 … 小さじ1
ニンニク（すりおろし）… 少量

作り方

1. 鍋に豆腐、キムチ、豚肉を入れ、だし汁を注ぎ、コチュジャン、米味噌、おろしニンニクを入れて中火～弱火で煮る（10～15分ほど）。
2. 1に豆乳を加え、温まったらでき上がり。

ポイント

辛い味が好みなら、豆乳を加えずに作ってもよい。

細切り豆腐のスープ（文思豆腐）
（ウェン スー ドウ フ）

絹漉し豆腐をごく細切りにして、スープの具にします。
とても美しく、おいしいスープ。文思とは、この料理を考案した僧の名です。
（料理／小林武志）

材料（2人分）

絹漉し豆腐 … 1丁
鶏ガラスープ … 600cc
A
　塩 … 小さじ1½
　チキンパウダー … 少量
　砂糖 … 少量
　紹興酒 … 小さじ1
水溶き片栗粉（水2：片栗粉1）… 適量

ポイント

・豆腐を切りはじめたら途中で切るのをやめないで、最後まで切る。
・細く切った豆腐は、そのままにしておくと重さでちぎれてしまうので、必ず水に放しておく。

作り方

1. 豆腐をまな板におき、中華包丁（または菜切り包丁）で端からごく薄く切っていく（a）。すべて切り終えたら豆腐をやさしく斜めにずらし（b）、端からごく細に切っていく（c）。切り終えたら、水を張ったボウルに静かに入れておく。
2. 鍋に鶏ガラスープを入れて沸かし、**A**で味つけする。水溶き片栗粉でとろみをつけておく。
3. ザルに1を水ごとあけて水気を切り、豆腐を2のスープの中に入れて温める。豆腐に火が入ればでき上がり。

a

b

c

豆腐で作る 煮物・鍋・汁物

ふくさ仕立て味噌汁

豆腐とトマトのスープ

豆腐で作る ご飯・麺

主食に加える豆腐の使い方。
いつもは肉だけで作る料理の具材に豆腐を加えれば、
栄養のバランスもよくなります。
主食に変化をつけたいときに。

豆腐入り 魯肉飯（ルーローハン）

ふくさ仕立て味噌汁

2種類の味噌を使って作る味噌汁を、ふくさ（袱紗）仕立てといいます。
豆腐は大きめに切ると、存在感が出ます。
（料理／笠原将弘）

材料（3人分）

木綿豆腐 … 1丁
万能ネギ … 5本
白すりゴマ … 少量
練りガラシ … 少量
A
　だし汁 … 600cc
　赤味噌 … 大さじ2
　白味噌 … 大さじ1

作り方

1．万能ネギは小口切りにする。
2．豆腐は2cm角に切る。
3．鍋にAを入れて沸かし、2を加えて弱火で温める程度に火を入れる。
4．3を器に盛り、1と白すりゴマをふり、カラシをのせる。

豆腐とトマトのスープ

大葉や黒コショウが味を引き締めます。
（料理／笠原将弘）

材料（3人分）

絹漉し豆腐 … 1/2丁
トマト … 1個
大葉 … 5枚
黒コショウ … 少量
水溶き片栗粉（片栗粉1：水1.5の割合）
　　… 適量
A
　鶏ガラスープ … 600cc
　薄口醤油 … 大さじ2
　みりん … 大さじ1
　塩 … 少量

作り方

1．トマトはヘタを取り、1cm角に切る。
2．鍋に1とAを入れて火にかけ、沸いたら水溶き片栗粉で軽くとろみをつける。
3．2に豆腐を手でくずしながら加え、かき混ぜる。
4．ざく切りにした大葉を加えてさっと混ぜ合わせ、器に盛る。黒コショウをふる。

豆腐入り魯肉飯(ルーローハン)

台湾の人気料理、魯肉飯(豚肉の煮込みかけご飯)に豆腐をプラス。汁が染み込んだご飯がおいしい!
(料理/小林武志)

材料(4人分)

- 豚バラ肉(みじん切り)… 200g
- 木綿豆腐 … 1/2丁
- 長ネギ(みじん切り)… 大さじ2
- 生姜(みじん切り)… 小さじ1/2
- サラダ油 … 大さじ2
- A
  - 鶏ガラスープ … 400cc
  - 日本酒 … 40cc
  - 醤油 … 大さじ3
  - オイスターソース … 大さじ1
  - 砂糖 … 大さじ2
  - 塩 … ひとつまみ
- ご飯 … 茶碗4杯分

作り方

1. 豆腐は7mm角に切り、ザルにのせて少しおき、水気を切っておく。
2. 鍋にサラダ油を入れて中火にかけ、豚肉、長ネギ、生姜を入れて炒める。豚肉が白っぽくなり香りが出てきたら、**A**を順に加える。
3. 豚肉と調味料がなじんで軽く自然なとろみが出てきたら、1の豆腐を加え、豆腐に味が入るまで更に煮る。
4. 醤油、オイスターソース(各分量外)で味を調え、茶碗に盛ったご飯にかける。

ポイント

豚の脂の旨みを生かす料理なので、アクとともに浮いた脂を取りすぎないようにする。

豆腐のビリヤニ

豆腐を肉に見立てました。スパイシーな風味が食欲をそそります。バターをのせて炊くことでコクが出て、しっとりと仕上がります。

(料理／和知 徹)

材料(8人分)

- 焼き豆腐 … 1丁
- **スパイス**(すべてパウダー)
  - クミン … 大さじ2
  - パプリカ … 大さじ2
  - オレガノ … 大さじ1
  - タイム … 大さじ1
  - 黒コショウ … 大さじ3
  - ガーリック … 小さじ1
  - シナモン … 小さじ1
  - カイエンペッパー … 少量
- インディカ米 … 300g
- 無塩バター … 80g
- 玉ネギ(みじん切り) … 1個分
- ニンニク(みじん切り) … 1粒分
- サヤインゲン(1cm幅に切る) … 50g
- トマト(角切り) … 1個分
- チキンブイヨン … 450cc
- 塩、黒コショウ … 各適量

作り方

1. 焼き豆腐はペーパータオルで水気を取り、1cm角に切る。ビニール袋に入れ、スパイスを加えてふり混ぜる。口を閉じ、冷蔵庫で1日マリネする(ab)。
2. 熱したフライパンに無塩バター40gを溶かし、玉ネギとニンニクを入れる。軽く塩、黒コショウをし、中火で炒める(c)。玉ネギがしんなりとしたら、サヤインゲンを入れてさっと炒める。
3. 1の豆腐を加えて混ぜる(d)。なじんだらインディカ米を加え(e)、豆腐をつぶさないように混ぜる(f)。トマトを加えて混ぜる。
4. チキンブイヨンを注いで軽く混ぜた後、無塩バター40gをのせ、落とし蓋をする。沸いたら弱火にし、10分炊く。

ポイント

豆腐をあらかじめスパイスでマリネしておくことで、味が染み出しやすくなり、また調理時間も短くすることができる。

豆腐飯

ご飯の上に、どんとのった豆腐が楽しい。豪快に食べてください。
（料理／笠原将弘）

材料（2人分）

木綿豆腐 … 1丁
ご飯 … 適量
練りガラシ … 少量
一味唐辛子 … 少量
長ネギ（小口切り）… 1/3本分
A
　だし汁 … 400cc
　醤油 … 大さじ3 1/2
　みりん … 大さじ3
　酒 … 大さじ2
　砂糖 … 大さじ1

作り方

1．豆腐は2等分に切る。
2．鍋にAを入れてひと煮立ちさせ、1を入れて弱火で30分煮る。火を止めて冷ましておく。
3．2をもう一度温めなおす。
4．丼にご飯を入れ、3の煮汁を少量かけ、豆腐をのせる。長ネギ、一味唐辛子、カラシを好みで上に添える。

ポイント

煮上がったものを一度冷ますと、味が染みる（盛り付けるときに再び温める）。

うずみ豆腐

うずみは「うずまる」の意味で、豆腐がご飯にうずまってしまうところからの料理名です。
だしに醤油とみりんを加えたあんが、よく合います。
（料理／笠原将弘）

材料（4人分）

絹漉し豆腐 … 1丁
米 … 1/2合
水 … 600cc
塩 … ひとつまみ
だし昆布 … 5g
青柚子皮（すりおろし） … 少量
ミツバ（小口切り） … 2本分
わさび（すりおろし） … 少量
A
　だし汁 … 100cc
　醤油 … 大さじ1
　みりん … 大さじ1
水溶き片栗粉（片栗粉1：水1.5の割合）
　… 適量

作り方

1. 米は洗って分量の水、塩とともに鍋に入れて火にかける。沸いたら蓋をし、弱火で30分煮ておかゆを作る。
2. 豆腐は4等分に切り、だし昆布とともに別鍋に入れ、水をひたひたに加えて弱火で温める。
3. 別鍋にAを入れてひと煮立ちさせ、水溶き片栗粉でとろみをつける。
4. 2の豆腐の水気を切って器に入れ、1のおかゆをかけ、3のあんをかける。柚子皮とミツバを散らし、おろしわさびをのせる。

豆腐そば

冷たい汁そばの上に、豆腐と薬味をのせて。簡単なボリュームアップ法。
(料理／笠原将弘)

材料（2人分）

そば … 2把
木綿豆腐 … 1丁
みょうが … 2個
万能ネギ … 3本
カイワレ大根 … 1/3パック
かつお節 … 5g
生姜 … 5g
A
　だし汁 … 300cc
　醤油 … 大さじ3
　みりん … 大さじ3

作り方

1. Aを合わせてひと煮立ちさせ、冷ましておく。
2. 豆腐は軽く水切りしておく。
3. みょうが、万能ネギは小口切りにし、カイワレ大根は3等分に切る。生姜はすりおろす。
4. そばをゆでて、冷水にとって締め、水気を切る。
5. 器に4のそばを入れ、2の豆腐を手でくずしてのせる。1をかけて3をのせ、かつお節を散らす。

油揚げで作る

味噌汁の具や、いなりずしでよく使われる油揚げ（薄揚げ）。
ここでは少しおもしろい使い方もご紹介します。
味を含ませたり、そのままの食感を利用したり。
どれも持ち味が生かされた料理です。

信田煮

信田煮は、油揚げを使った煮物のこと。
中身はいろいろですが、ここでは
切り口の美しさも考えて、
野菜を組み合わせました。
（料理／笠原将弘）

材料（2〜3人分）

油揚げ … 4枚
グリーンアスパラガス … 8本
ニンジン … 1/2本
シイタケ … 8枚
塩 … 適量
かんぴょう … 20g
青柚子皮 … 少量
A
　だし汁 … 600cc
　醤油 … 大さじ3
　みりん … 大さじ3
　砂糖 … 大さじ2

作り方

1. 油揚げはまな板におき、上に菜箸を数回転がして開きやすくする。沸騰した湯をかけて油抜きし、水気を絞る。包丁で3辺に切り目を入れ、長い1辺を切らずに残し、1枚に開く。
2. かんぴょうは塩もみして水で洗い、やわらかくなるまでゆでる。水にさらして水気を切る。
3. アスパラガスは根元を切り落とし、下から1/3ぐらいは皮をむく。ニンジンは1cm角の棒状に切る。どちらも塩ゆでしてザルに上げ、冷ましておく。
4. シイタケは薄切りにする。
5. 1の油揚げを内側を上にして広げ、3、4をのせて巻く。かんぴょうで両端をきつくしばる。
6. 鍋に5とAを入れて火にかける。沸いたら中火にし、アルミ箔をかぶせて15分煮る。火からおろし、そのまま冷ましておく。
7. 食べやすく切り分けて器に盛り、すりおろした柚子皮をふる。

油揚げで作る

油揚げと香菜のサラダ 北京風

香菜好きに喜ばれるサラダです。
(料理／小林武志)

材料（作りやすい量）

油揚げ … 1枚
香菜（掃除して5cm長さに切る）… 120g
生赤唐辛子（細切り）… 1/2本分
A
　山椒油（またはサラダ油）… 大さじ2
　ラー油 … 小さじ1/2
　塩 … 小さじ1/4
　砂糖 … 小さじ1/4
　コショウ … 少量
　紹興酒 … 小さじ1
　米酢 … 小さじ2

作り方

1. 油揚げは切り開いて、細切りにする。
2. ボウルに1と香菜、唐辛子を合わせて入れ、冷蔵庫で冷やしておく。
3. 冷えたらAを加え、手早く混ぜて、器に盛る。

ポイント

Aを加えたら手早く和えて、香菜が塩分でへたらないようにする。

油揚げとじゃこのサラダ

油揚げとちりめんじゃこの旨みで、
野菜がたっぷり食べられます。
（料理／金順子）

材料（2〜3人分）

油揚げ … 2枚
ちりめんじゃこ … 40〜50g
ニンジン（斜め薄切りにしたもの）
　… 5枚
玉ネギ … 1/2個
水菜 … 1/3束
ドレッシング
　醤油 … 大さじ3
　リンゴ酢 … 大さじ3
　ニンニク（すりおろし）… 少量
　ゴマ油 … 大さじ2
　砂糖 … 大さじ1

作り方

1．油揚げはせん切りにする。
2．ニンジンと玉ネギはせん切りにする。水菜は4㎝長さに切り、水で洗って水気を切る。
3．ドレッシングの材料を、よく混ぜ合わせる。
4．1、2とちりめんじゃこをボウルで混ぜ合わせて器に盛り、3をかける。

ポイント

油揚げは油抜きをしないので、なるべく薄いものを使用する。

油揚げで作る

うず巻き焼き

簡単で、見た目も楽しいおつまみ。
中身はいろいろなもので試してみてください。
（料理／笠原将弘）

材料（2人分）

油揚げ … 4枚
焼き海苔（半分に切る） … 1枚分
梅干し … 2個
大葉 … 6枚
すだち（くし形切り） … 1個分
A
　味噌 … 大さじ1
　砂糖 … 小さじ1
　生姜（すりおろし） … 小さじ1/2

作り方

1. 梅干しは種を取り除き、包丁でたたく。
2. Aは混ぜ合わせる。
3. 油揚げ2枚に1を塗り、大葉を3枚ずつのせて巻き、合わせて2本の竹串でとめる(ab)。
4. 残りの油揚げには2を塗って海苔をのせ、同様に巻いて竹串でとめる。
5. フライパンを中火にかけて温め、3、4を入れて、表面がカリッとするまで焼く。食べやすく切り分けて(c)器に盛り、すだちを添える。

a

b

c

油揚げで作る

豚ロール巻き照り焼き

おつまみにも、お弁当のおかずにもいいでしょう。
（料理／笠原将弘）

材料（3人分）

油揚げ … 3枚
豚バラ肉（スライス）… 200g
薄力粉 … 少量
サラダ油 … 大さじ1
大根おろし … 大さじ4
大葉 … 2枚
A
　酒 … 大さじ3
　みりん … 大さじ3
　醤油 … 大さじ1
粉山椒 … 少量

作り方

1. 油揚げはまな板におき、上に菜箸を数回転がして開きやすくする。包丁で3辺に切り目を入れ、長い1辺を切らずに残し、1枚に開く。
2. 1の油揚げを内側を上にして広げ、豚肉をのせてくるくるとしっかり巻く。薄力粉をまぶす。
3. フライパンにサラダ油を熱し、2をとじ目を下にして入れ、ときどき転がしながら中火で焼く。全体に焼き色がついたら、蓋をして弱火にし、中まで火を通す。
4. 3のフライパンの余分な油をペーパータオルでふき取った後、Aを入れて煮からめる。粉山椒をふる。
5. 4を一口大に切り分けて器に盛り、大葉、大根おろしを添える。

ポイント

しっかりと巻く。

油揚げで作る

油揚げと小松菜の炒め物

シンプルな炒め物。いろいろな青菜を使って同様に作れます。
(料理/小林武志)

材料(2人分)

小松菜 … 6株
油揚げ(大) … 1枚
ニンニク(薄切り) … 1粒分
タカノツメ … 3本
A
  塩 … 小さじ1/2
  砂糖 … 小さじ1/2
  紹興酒 … 大さじ1
  チキンパウダー … 少量
サラダ油 … 大さじ2

作り方

1. タカノツメは、1cm幅に切る。
2. 小松菜は水洗いし、7cm長さに切る。
3. 油揚げは、横5mm幅に切る。
4. 湯を沸かし、小松菜と油揚げを入れてさっとゆで、水気を切る。
5. 鍋にサラダ油を入れて強火にかけ、ニンニクとタカノツメを入れて炒める。香りが出たら4を入れ、Aを加えて炒め合わせる。

ポイント

- 油揚げは、大きく切らないほうがよい。
- 油揚げが味を吸うので、味つけは少し薄くしたほうがよい。

油揚げで作る

きぬがさ丼

油揚げと長ネギを煮て卵でとじ、丼にしたものです。
(料理／笠原将弘)

材料(2人分)

油揚げ … 2枚
長ネギ … 1本
ミツバ … 5本
卵 … 4個
ご飯 … 丼2杯分
粉山椒 … 少量
A
　だし汁 … 200cc
　みりん … 100cc
　醤油 … 50cc

作り方

1. 油揚げは、沸いた湯をかけて油抜きし、水気を切る。1cm幅に切る。
2. 長ネギは斜め薄切りにし、ミツバは1cm長さに切る。
3. 鍋に1と長ネギ、Aを入れて火にかける。沸いたら弱火にして1分ほど煮る。
4. 溶き卵を2回に分けてまわし入れ、半熟で火を止めてミツバを散らす。
5. 丼にご飯を入れ、4をのせて粉山椒をふる。

油揚げで作る

油揚げのロールキャベツ

油揚げを包んで作るヘルシーなロールキャベツ。
肉を使うよりも簡単にできます。
(料理／和知 徹)

材料（2人分）

キャベツ（葉）… 5枚
油揚げ … 5枚
トマトピューレ … 400cc
チキンブイヨン … 300cc
玉ネギ（1.5cm厚さの輪切り）
　… 2/3個〜1個分
ベーコン（薄切り）… 1枚（25g）
タイム（フレッシュ）… 1枝
塩 … 適量

作り方

1. キャベツは、包みやすくするため厚みのある芯の部分を削ぎ、削いだところに縦に少し切り込みを入れる。湯を沸かして3％の塩を加える。キャベツを入れてゆがき、氷水にとって水気を切る。
2. 芯を削いだ面を下にしてキャベツを広げる。油揚げをロール状に巻いてのせ（a）、キャベツで巻く（bc。ひと巻きして左右を折り込み、巻き上げる）。
3. 詰めたときに隙間ができない大きさ（直径20cm程度）の鍋に、2を並べて詰める（d）。
4. 3にトマトピューレとチキンブイヨンを注ぎ入れる。その際ロールキャベツが浮いて隙間ができるので、詰めたものが動かないようにするため、輪切りの玉ネギを詰めて押さえる。
5. ベーコンとタイムをのせ（e）、落とし蓋をする（f）。中火にかけて沸いたら弱火にし、30分ほど煮る。味を見て、足りなければ塩で調味して仕上げる。

油揚げの海苔巻き

冷蔵庫にある材料で、パパッと作れる海苔巻きです。
(料理／金順子)

材料（1本分）

ご飯（温かくても冷たくてもよい）
　… 適量
焼き海苔 … 1枚
油揚げ … 1枚
大葉 … 3枚
キムチ … 適量
A
　｜ 酒 … 大さじ2
　｜ みりん … 大さじ2
　｜ 醤油 … 大さじ1

作り方

1. 油揚げは味が染みやすいように両端を少し切って鍋に入れ、**A**で煮る（a）。ザルに上げて汁気を取り（b）、半分に切る。
2. キムチはザルに入れてヘラなどで押しながら、汁気をよく取り（c）、細かく刻んでおく。
3. まきすの上に海苔をのせ、むこう端を少し残してご飯を敷き詰める。1の油揚げと大葉、キムチをのせ（d〜f）、まきすを使って手前から巻いていく（gh）。
4. 食べやすい大きさに切り分け、器に盛る。

ポイント

- キムチは汁気をよく取り、細かく刻む。
- 食べるときに、好みで醤油を添えてもよい。

油揚げで作る

いろいろおいなりさん

ご飯に加える具材を替えて、バリエーションが楽しめます。
（料理／笠原将弘）

材料（各2個分）

油揚げ … 8枚
ご飯 … 600g

A
| 水 … 600cc
| 醤油 … 大さじ4½
| みりん … 大さじ4½
| 砂糖 … 大さじ4

B
| 米酢 … 大さじ5
| 砂糖 … 大さじ2
| 塩 … 小さじ2

C
| カリカリ梅（種を取り除き、
| 粗みじん切り）… 5粒分
| かつお節 … 5g

D
| しらす干し … 30g
| わさび（すりおろし）… 小さじ1

E
| 白煎りゴマ … 大さじ1
| みょうが（みじん切り）… 1個分
| 大葉（みじん切り）… 5枚分
| 万能ネギ（みじん切り）… 3本分

作り方

1. 油揚げはまな板におき、上に菜箸を数回転して開きやすくし、横半分に切って、袋状に開く。
2. 1に沸騰した湯をまわしかけて油抜きし、水気を切る。
3. 鍋に2を並べ、Aを入れて火にかける。沸いたら中火にし、アルミ箔をかぶせて落とし蓋にし、10分ほど煮る。火からおろしてそのまま冷ます、バットなどに1枚ずつ広げる。
4. 熱いご飯にBを混ぜ合わせて酢飯を作る。4等分にし、1つはそのままに、あとの3つにはC、D、Eをそれぞれ混ぜ合わせる。
5. 3の油揚げの汁気を絞り、4のご飯をそれぞれ2等分にして丸めて詰め、形を整えて盛り付ける。

高野豆腐で作る

高野豆腐は優秀な保存食。豆腐とはまた違った、
独特のおいしさがあります。和食の含め煮のように、
戻して味を含めるのが基本的な使い方です。
もう少し料理の幅を広げるなら、
組み合わせる素材や味つけを、いつもと違うものに。

高野豆腐と手羽先の含め煮

甘めの煮汁が、高野豆腐にも手羽先にもよく合います。
（料理／笠原将弘）

材料（2～3人分）

高野豆腐 … 4個
鶏手羽先 … 6本
キヌサヤ … 6枚
A
　だし汁 … 600cc
　醤油 … 大さじ2
　砂糖 … 大さじ4

ポイント
手羽はしっかり焼き目をつけておく。

作り方

1. 高野豆腐はぬるま湯（約50℃）に入れ、落とし蓋をして沈め、30分ほどおいて戻す。手のひらで挟んで絞り、水気を切る。
2. 鶏手羽先は関節から先を切り落とし、熱したフライパンに入れて焼き目をつける。
3. 鍋に1、2、Aを入れて火にかける。沸いたら中火にし、落とし蓋をして15分ほど中火で煮る。
4. 筋を取ったキヌサヤを入れてさっと煮た後、火からおろしてそのまま冷ます。器に盛る。

高野豆腐の揚げ煮 えびそぼろあん

粉をつけて油で揚げてから煮ることにより、
高野豆腐がとろりとした食感に。
(料理／笠原将弘)

材料(2〜3人分)

高野豆腐 … 3個
エビ … 6本
薄力粉 … 適量
青柚子皮 … 少量
A
　だし汁 … 400cc
　薄口醤油 … 大さじ2
　みりん … 大さじ2
水溶き片栗粉(片栗粉1：水1.5の割合)
　… 少量
揚げ油 … 適量

作り方

1. 高野豆腐はぬるま湯(約50℃)に入れ、落とし蓋をして沈め、30分ほどおいて戻す。手のひらで挟んで絞り、水気を切る。
2. 1を2等分に切り、薄力粉をまぶす。
3. 2を170℃の油で3〜4分揚げる。
4. 鍋にAを入れて火にかけ、3を入れて中火で5分ほど煮る。
5. エビの殻と背ワタを取り、さっと洗った後、包丁でたたいてミンチにする。
6. 4の煮汁100ccを別鍋に取り、5を入れて混ぜながら火を入れ、水溶き片栗粉でとろみをつける。
7. 器に4を盛り、6をかけ、すりおろした柚子皮を散らす。

高野豆腐で作る

高菜漬けと高野豆腐の煮込み

高菜漬けの風味が高野豆腐に染み混んで、いい味に。
(料理／小林武志)

材料（2人分）

高野豆腐 … 2枚
高菜漬け … 120g
豚挽き肉 … 80g
長ネギ（みじん切り）… 大さじ1
生姜（みじん切り）… 少量
サラダ油 … 大さじ2
A
　鶏ガラスープ … 200cc
　醤油 … 小さじ1½
　砂糖 … 小さじ1
　紹興酒 … 小さじ2

作り方

1. 高野豆腐はぬるま湯に浸けて戻しておく。高菜漬けは1cm角に切る。
2. 鍋にサラダ油と長ネギ、生姜、豚挽き肉、高菜漬けを入れて中火で炒め、香りを出す。
3. 2にAを順に加え、1の高野豆腐の水気を絞った後ちぎり入れ、弱火でしばらく煮込んで味をなじませる。
4. 味が染み込み調ったら、器に盛る。

ポイント

- 戻した高野豆腐は、にぎりしめてしっかり水気を絞る。ちぎり加減（大きさ）は、好みでよい。
- 煮込みはじめは、スープが多めのほうが味がなじみやすい。

高野豆腐のトマト煮込み ナバラン・ダニョー風

肉の代わりに高野豆腐を使い、ヘルシーに。
煮くずれるぐらいによく煮込んで味を染み込ませます。
(料理／和知 徹)

材料（2人分）

高野豆腐 … 4個
トマトソース
　ニンニク … 1粒
　玉ネギ … 1個（200g）
　パプリカ（赤）… 100g
　ピーマン … 100g
　ニンジン … 100g
　ズッキーニ … 100g
　仔羊肉（だし用なので端肉でよい）
　　… 100g
　ホールトマト … 1缶（400g）
　チキンブイヨン … 300cc
　オリーブ油 … 大さじ1
　塩（必要なら）… 小さじ1/2
バジリコ（細切り）… 少量

作り方

1. 高野豆腐は水に浸けて戻す。
2. トマトソースを作る。ニンニクと玉ネギはみじん切りに、パプリカ、ピーマン、ニンジン、ズッキーニは、それぞれ約2.5cm角に切る。
3. 鍋にオリーブ油とニンニクを熱し、2の野菜をすべて入れて炒める。仔羊肉を加えて更に炒め、野菜がしんなりとしたらホールトマト、チキンブイヨンを入れ、弱火で1時間ほど煮る。味を確認し、足りなければ塩を加える。
4. 1の高野豆腐の水気を軽く絞り、手でちぎって3に加え、20分ほどよく煮る。
5. 器に盛り、バジリコを散らす。

湯葉で作る

上品な味と食感が人気の湯葉。温めた豆乳に張った薄い膜を竹串で引き上げたものが、引き上げ湯葉。豆乳の温度があまり上がっていないうちにくみ上げるのが、くみ上げ湯葉です。素材を包んだり巻いたりする料理には、引き上げ湯葉がむいています。

湯葉しんじょう椀

おもてなしの椀としても使える、上品な一品です。
（料理／笠原将弘）

材料（作りやすい量）

引き上げ湯葉 … 5枚
白身魚のすり身（市販）… 100g
卵黄 … 1個
サラダ油 … 50cc
塩 … 適量
シイタケ … 2枚
水菜 … 1/3把
青柚子皮 … 少量
豆乳 … 大さじ2

A
| 水 … 400cc
| 醤油 … 大さじ2
| 砂糖 … 大さじ2

B
| だし汁 … 300cc
| 薄口醤油 … 大さじ1/2
| 酒 … 大さじ1
| 塩 … 少量

作り方

1．湯葉は一口大に切り、Aで煮る。冷ましておく（a）。
2．ボウルに卵黄を入れ、サラダ油を少しずつ加えながら、泡立て器で混ぜて乳化させる(bc)。
3．フードプロセッサーにすり身を入れ、豆乳を加えながらなめらかになるまで混ぜる(d)。
4．3に2を加え、更に混ぜる(ef)。1の水気をよく絞って加え(g)、更に混ぜる。塩を少量加えて混ぜる(h)。
5．4を丸く形作ってバットに並べ(i)、蒸気の立った蒸し器に入れて、中火で15分ほど蒸して火を入れる。
6．シイタケは半分に切る。水菜はさっと塩ゆでして水気をしっかり絞り、3cm長さに切る。
7．Bを鍋に入れて火にかけ、6を入れてさっと煮る。
8．お椀に5を入れて7のシイタケと水菜を添え、汁を注ぐ。湯葉しんじょうの上に、すりおろした柚子皮をのせる。

湯葉で作る

湯葉蒸し

湯葉で作る

湯葉しゅうまい

もやしの湯葉巻き

湯葉で作る

湯葉蒸し

具材の上に、湯葉をかぶせて蒸し上げます。
温かいあんをたっぷりかけてどうぞ。
（料理／笠原将弘）

材料（2人分）

引き上げ湯葉 … 2枚
煮アナゴ（市販）… 1本
エビ … 2本
ユリ根 … 20g
シイタケ … 2枚
生姜（すりおろし）… 少量
水溶き片栗粉（片栗粉1：水1.5の割合）
　… 適量
A
　だし汁 … 100cc
　醤油 … 大さじ1/2
　みりん … 大さじ1/2

作り方

1. 湯葉は食べやすい大きさに切り、沸いた湯でやわらかくなるまで（10秒ほど）ゆがく。ザルにあけ、水気を切る。
2. アナゴは一口大に切る。エビは殻をむいて背ワタを取る。ユリ根は掃除してさっとゆでる。シイタケは薄切りにする。
3. 器に2を入れて、上に1をかぶせるようにのせる。蒸気の立った蒸し器に入れ、中火で10分ほど蒸す。
4. 鍋に**A**を入れてひと煮立ちさせ、水溶き片栗粉でとろみをつける。
5. 3に4をかけ、おろし生姜をのせる。

湯葉しゅうまい

豆腐を加えたあんを湯葉で包んで蒸し上げる、和風のしゅうまいです。
(料理／笠原将弘)

材料 (4人分)

鶏挽き肉 … 100g
木綿豆腐 … 100g
長ネギ … 1/3本
生姜 (すりおろし) … 小さじ1/2
引き上げ湯葉 … 1枚
A
| 醤油 … 小さじ1
| 砂糖 … 小さじ1/2
| 片栗粉 … 小さじ1
| 塩、コショウ … 各少量
練りガラシ … 少量

作り方

1. 豆腐はペーパータオルに包んで1時間ほどおき、しっかり水切りしておく。
2. 長ネギはみじん切りにする。
3. ボウルに1、2、おろし生姜、鶏挽き肉、Aを入れてよく練る。
4. 湯葉を10cm角に切り、3を適量ずつ包んで形を整える。
5. 4をバットに並べ、蒸気の立った蒸し器に入れて、中火で10分ほど蒸す。
6. 器に盛り、カラシを添える。

もやしの湯葉巻き

味つけしたもやしを湯葉で巻いて煎り焼きます。
安価なもやしがワンランクアップする料理。
(料理／小林武志)

材料 (2人分)

引き上げ湯葉 … 1枚
大豆もやし … 1袋
A
| 塩 … 小さじ2/3
| 砂糖 … ひとつまみ
| チキンパウダー … 少量
サラダ油 … 適量

作り方

1. 油返し (p.53参照) をした鍋を強火にかけ、サラダ油大さじ3を入れ、もやしを入れて一気に炒めながらAで味をつけていく。ザルに取り出し、常温になるまでおく。
2. 引き上げ湯葉の上に1のもやしを適量横長にのせ、直径3cmほどの棒状になるように包む。
3. 鍋に適量のサラダ油をひき、2を入れて中火で表面を煎り焼く。油を切る。
4. 一口大に切って、器に盛る。

ポイント

・煎り焼くときは、油が少し多めのほうが色よく仕上がる。
・焼き終わったら、ペーパータオルで油をしっかり取る。

湯葉で作る

鶏肉とマコモダケの挟み蒸し

湯葉で作る

湯葉とじゃがいもの細切り炒め

引き上げ湯葉と
野菜、干しえびの炒め煮

湯葉で作る

鶏肉とマコモダケの挟み蒸し

具材を挟んで蒸すだけなので簡単です。前菜やおつまみに。
(料理／小林武志)

材料 (作りやすい量)

引き上げ湯葉 … 3枚
マコモダケ(※) … 2本
※なければレンコン(中)1節分で代用。
ゆで鶏(下記参照) … 200g
たれ
| サラダ油 … 大さじ1
| ニンニク(みじん切り) … 小さじ1
| 鶏ガラスープ … 400cc
| 醤油 … 大さじ4
| 砂糖 … ひとつまみ
| 塩 … ひとつまみ
| ＊鍋にサラダ油とニンニクを入れて炒めて香りを出し、その他の材料を加えて熱する。冷ましておく。

ゆで鶏 (作りやすい量)

鶏モモ肉(骨なし)1枚を掃除して、水1.2ℓを沸かした中に入れ、5分間ゆでる。火を止めて蓋をし、20分おくとやわらかいゆで鶏になる。

作り方

1. マコモダケとゆで鶏は、細切りにする。
2. 引き上げ湯葉を1枚敷き、上に1を適量ずつのせて、湯葉をもう1枚のせる。再び1をのせ、湯葉をのせて挟む(ab)。
3. 2を左右から中央に向かって3つ折りにした後、半分に折りたたむ(c〜e)。
4. 3を皿にのせ、ラップフィルムをかけて、蒸気の立った蒸し器に入れて強火で15分蒸し、取り出して冷ます。
5. 食べやすい大きさに切り分けて器に盛り、たれをかける。

ポイント

• 蒸し器の火力が弱いようなら、挟む具の量を少なくしたり、厚さを薄くしたりして火が通りやすくする。
• 冷ますときは、表面が乾燥しないようにする。

湯葉とじゃがいもの細切り炒め

ジャガイモのシャキシャキ感がおいしい。
（料理／小林武志）

材料（2人分）

ジャガイモ（メークイン）… 1個
引き上げ湯葉 … 1枚
生赤唐辛子（細切り）… 少量
サラダ油 … 大さじ1
ラー油 … 大さじ1
A
　鶏ガラスープ … 200cc
　塩 … 小さじ1/2
　砂糖 … 小さじ1/4
　チキンパウダー … 少量
　黒酢 … 小さじ1/5

作り方

1．ジャガイモは皮をむいて細切りにし、水にさらしておく。湯葉は9cm長さの細切りにする。
2．沸騰した湯に、水気を切った1のジャガイモと湯葉を入れ、10秒間ゆでてザルに取り出す。
3．鍋にサラダ油とラー油を入れて強火にかけ、2と唐辛子を入れて炒める。Aを順に加え、味が調ったら器に盛る。

ポイント

・ジャガイモはゆですぎないようにし、シャキシャキ感を残す。
・酢を加えると、更にシャキシャキ感が出る。

引き上げ湯葉と野菜、干しえびの炒め煮

レンコンとトック（韓国餅）を加えているので、
いろいろな食感が楽しめます。桜エビの旨みがおいしい。
（料理／小林武志）

材料（作りやすい量）

レンコン（皮をむいて一口大に切ったもの）
　… 100g
枝豆（ゆでて薄皮を取ったもの）… 40g
トック（韓国餅）… 10枚
桜エビ（乾燥）… 50g
引き上げ湯葉（一口大にちぎる）
　… 100g
サラダ油 … 大さじ2
A
　鶏ガラスープ … 200cc
　塩 … 小さじ1/4
　砂糖 … 小さじ1/5
　日本酒 … 小さじ1
　葱油（p.31参照）… 大さじ1

作り方

1．鍋に湯を沸かし、レンコン、トックを入れて火が通るまでゆで、ザルに上げておく。
2．鍋にサラダ油と桜エビを入れ、弱火で炒める。Aを順に加え、1と枝豆を入れて中火で1分ほど煮る。
3．2に引き上げ湯葉を加えて更に煮込み、味がなじんだら器に盛る。

ポイント

桜エビの旨みが出るように、香りよく炒める。ただし炒めすぎると香りも悪くなり、色も黒っぽくなってしまうので注意する。

湯葉で作る

かに湯葉巻き揚げ

ちりめん湯葉

湯葉で作る

湯葉と卵のフラン

湯葉で作る

かに湯葉巻き揚げ

カニ肉を湯葉で巻いて揚げる、おもてなしにも使える一品です。
(料理／笠原将弘)

材料 (2人分)

引き上げ湯葉 … 2枚
カニ (むき身) … 120g
大葉 … 5枚
卵 … 1個
サラダ油 … 50cc
塩 … 少量
片栗粉 … 適量
揚げ油 … 適量
スダチ … 1個

作り方

1. 大葉をせん切りにし、カニの身と混ぜる。
2. 卵を卵黄と卵白に分ける。卵黄をボウルに入れ、サラダ油を少しずつ加えながら泡立て器で混ぜ、乳化させる。少量の塩で味つける。
3. 湯葉を4等分に切り、1と2をのせて巻き、端に卵白をつけてとめる。
4. 3の全体に片栗粉をまぶし、170℃の油で4〜5分揚げる。
5. 一口大に切って器に盛り、塩と切ったスダチを添える。

ちりめん湯葉

ちりめん山椒に、湯葉のやわらかさを加えました。
このままおつまみとしても、白いご飯に合わせても。
冷蔵庫で10日ほど保存できます。
(料理／笠原将弘)

材料 (作りやすい量)

ちりめんじゃこ … 250g
引き上げ湯葉 … 3枚
実山椒 … 30g
A
　酒 … 300cc
　醤油 … 100cc
　砂糖 … 大さじ4

作り方

1. ちりめんじゃこは、水で洗って軽く塩抜きする。ザルに上げて水気を切る。
2. 湯葉は1cm角に切り、ほぐしておく。
3. 鍋に1、2、A、実山椒を入れて火にかける。沸いたら中火にし、木ベラでやさしく混ぜながら汁気がなくなるまで炊く。
4. バットなどに広げて、少し水分を飛ばす。

湯葉と卵のフラン

洋風の茶碗蒸し。あんには塩を加えずに仕立て、豆乳の上品な風味をシンプルに味わいます。
（料理／和知 徹）

材料（2人分）

- くみ上げ湯葉 … 80g
- 塩 … 適量
- ベーコン（スライスを2cm幅に切ったもの）… 2枚
- 緑オリーブ（種なし）… 4粒
- ケイパー … 8粒
- **卵液**
  - 卵黄 … 2個
  - 全卵 … 60g
  - 豆乳 … 250cc
  - 塩 … 少量
- **あん**
  - チキンブイヨン … 100cc
  - 水溶き葛粉 … 大さじ2
- ピマン・デスペレット・パウダー（※またはパプリカパウダー）… 適量
- イタリアンパセリ（葉）… 少量

※ピマン・デスペレット：バスク地方特産の唐辛子。

作り方

1. くみ上げ湯葉は、パックから取り出して軽く水気を切り、軽く塩をふる。
2. 器にベーコン、緑オリーブ、ケイパーを入れ、1の湯葉をのせる。
3. 卵液の材料をすべてボウルに入れて混ぜ、裏漉す。
4. 3の卵液を2に流し込み、アルミ箔をかぶせて蓋をする。蒸し器に入れて火にかけ、沸いたら弱火にして15分蒸す。
5. あんを作る。鍋でチキンブイヨンを沸かし、水溶き葛粉を加えて混ぜ、とろみをつける。4のアルミ箔を取ってあんをかけ、ピマン・デスペレットをふり、イタリアンパセリをのせる。

ポイント

蒸す際には鍋と蓋の間に布を挟んで蒸気の逃げ道を作ると、スが入りにくい。

おからで作る

豆腐を作る際に、豆乳を絞った後に残るのがおから。
最近また注目を集めている食材です。
ここでは昔ながらの定番料理と、
ユニークな新おから料理の両方をご紹介します。

あさりおから

おからで作る

五目おから

卯の花まぶし

あさりおから

あさりの煮汁も、すべておからに含ませます。
（料理／笠原将弘）

材料（作りやすい量）

おから … 200g
アサリ（殻付き）… 300g
長ネギ … 1/2本
ワカメ（塩蔵を戻したもの）… 20g
ミツバ … 5本
サラダ油 … 大さじ2
A
　水 … 300cc
　酒 … 大さじ2
　だし昆布 … 3g
B
　薄口醤油 … 大さじ3
　砂糖 … 大さじ2
粉山椒 … 少量

作り方

1. アサリは砂抜きしてこすり洗いし、**A**とともに鍋に入れて火にかける。口が開くまで火を入れ、ザルで漉して煮汁とアサリに分ける。アサリは身を殻からはずしておく。
2. 長ネギは小口切りにし、ワカメはざく切りにする。
3. ミツバは1cm長さに切る。
4. フライパンにサラダ油を熱し、2を入れて炒める。しんなりしたらおからを加え、炒め合わせる。
5. 4に1の煮汁と**B**を加えて煮ていく。煮汁がなくなってきたら、アサリの身とミツバを加え、混ぜ合わせる。
6. 仕上げに粉山椒をふる。

五目おから

いろいろな素材を加えて作る、お惣菜にぴったりの一品。
(料理／笠原将弘)

材料（作りやすい量）

おから … 200g
鶏挽き肉 … 100g
ニンジン … 60g
ゴボウ … 60g
シイタケ … 3枚
インゲン … 3本
卵 … 1個
サラダ油 … 大さじ2
A
　だし汁 … 300cc
　薄口醤油 … 大さじ3
　砂糖 … 大さじ3

作り方

1. ニンジン、ゴボウ、シイタケは5mm角に切る。インゲンは小口切りにする。
2. フライパンにサラダ油を熱し、鶏挽き肉と1を入れてしんなりするまで中火で炒める。
3. 2におからを加えてさっと炒め合わせ、Aを加えて混ぜながら煮ていく。
4. 水分がほどよく飛んだら、溶き卵を加えて混ぜ合わせ、火を止める。

卵の花まぶし

白い雪のようなおからがまぶされた、美しい仕上がり。
味にも見た目にも、やわらかさが加わります。
(料理／笠原将弘)

材料（作りやすい量）

おから … 300g
しめ鯖（市販）… 50g
エビ（殻付き）… 4本
キヌサヤ … 6枚
塩 … 少量
A
　砂糖 … 大さじ1
　酢 … 大さじ1
　塩 … 少量

作り方

1. おからを目の細かいザルに入れ、水を張ったボウルに入れて、手でもむ。
2. 1の水の中に出たおからを、さらしで包んで絞り、水気を切る。
3. 2のおからとAをボウルに入れ、湯煎にかけて箸で混ぜながら、さらさらになるまで煎る。冷ましておく。
4. キヌサヤは筋を取り、塩ゆでしてザルに上げる。しめ鯖は一口大に切る。エビは殻付きで塩ゆでし、殻をむいて背ワタを取る。
5. 4を3で和えて、器に盛り合わせる。

おからで作る

おからのタブレ風サラダ

おからコロッケ

おからで作る

おからのキーマカレー風

113

おからのタブレ風サラダ

洋風のおから料理。色鮮やかな野菜を混ぜて見た目も華やかに。
（料理／和知徹）

材料（作りやすい量）

おから … 250g
オリーブ油 … 200cc
野菜ミックス
　ズッキーニ（みじん切り）… 25g
　ニンジン（みじん切り）… 25g
　紅芯大根（みじん切り）… 25g
　パプリカ（赤。みじん切り）… 25g
スペアミントの葉（みじん切り）… 10枚分
緑オリーブ（種抜き）… 10粒
レモン果汁 … 大さじ1
白ワインビネガー … 大さじ1
塩、黒コショウ … 各適量

作り方

1. フライパンにオリーブ油100ccとおからを入れて火にかけ、パラパラになるまで炒める。
2. 1をボウルに入れ、野菜ミックスを加えて混ぜ合わせる。スペアミントの葉を入れ、緑オリーブを砕いて加え混ぜる。
3. 2にオリーブ油100cc、レモン果汁、白ワインビネガーを加えて混ぜ、塩、黒コショウで調味する。
4. 器に盛り、スペアミントの葉（分量外）を飾る。

おからコロッケ

ヘルシーなおからを加えて作る、軽い味わいのコロッケです。
（料理／笠原将弘）

材料（4人分）

おから … 200g
ジャガイモ … 2個
玉ネギ … 1/2個
シイタケ … 4枚
バター … 20g
塩、黒コショウ、砂糖 … 各少量
溶き卵 … 1/2個分
A
　薄力粉 … 適量
　溶き卵 … 1個分
　牛乳 … 大さじ1
　パン粉 … 適量
揚げ油 … 適量
キャベツ（せん切り）… 適量

作り方

1. ジャガイモは皮をむいて一口大に切り、塩を加えた湯でやわらかくなるまでゆでる。湯を捨て、ジャガイモが入った鍋をゆすって粉吹きいもにし、熱いうちにマッシャーでつぶす。
2. 玉ネギ、シイタケはみじん切りにする。
3. フライパンにバターを熱して2を入れ、塩をふって炒める。しんなりしたらおからを加えて炒め合わせる。
4. 1と3を混ぜ合わせ、塩、コショウ、砂糖、溶き卵（1/2個分）で味を調える。冷ます。
5. 4を食べやすい大きさに丸め、Aの薄力粉をつけ、牛乳を混ぜ合わせた溶き卵、パン粉の順に衣をつける。
6. 5を170℃の油で4～5分揚げる。器に盛り、キャベツを添える。

おからのキーマカレー風

挽き肉の代わりにおからを使って、キーマカレー風に作ってみました。
(料理／和知 徹)

材料 (2人分)

おから … 250g
オリーブ油 … 90cc
玉ネギ (みじん切り) … 1個分
無塩バター … 40g
ニンニク (みじん切り) … 1粒分
生姜 (すりおろし) … 5g
カレー粉 … 大さじ2
玉砂糖(※) … 大さじ1
レーズン … 50g
カレーコーヒーオイル (作りやすい量)
　オリーブ油 … 200cc
　カレー粉 … 大さじ2
　コーヒー豆 (深煎り) … 20g
塩 … 適量
ご飯 … 2膳分
ピクルス … 4本
イタリアンパセリ … 適量

※玉砂糖がなければ、粉末の黒砂糖を使用してもよい。

作り方

1. カレーコーヒーオイルを作る。保存容器にすべての材料を合わせ、1日以上おいて香りを移す。
2. フライパンにオリーブ油とおからを入れて火にかけ、パラパラになるまで炒める。ボウルに取り出す。
3. フライパンに無塩バター、ニンニク、玉ネギを入れ、玉ネギがしんなりとするまで炒める。生姜、カレー粉、玉砂糖、レーズンを加え、炒め合わせる。カレーコーヒーオイルを大さじ3加えて混ぜ、塩で調味する。
4. 皿にご飯を盛り、3をのせてピクルスとイタリアンパセリを添える。

ポイント

おからがあっさりとしているので、コクを出すためにカレーコーヒーオイルを加える。

おからで作る

ベーコン入り豆腐とおからのジョン

おからで作る

おから豚汁

コンビジ（おからスープ）

おからで作る

ベーコン入り豆腐とおからのジョン

卵の衣をつけて焼く料理をジョンといいます。ここではおからに豆腐を加えてハンバーグ状にしました。
子どもたちのおやつにぴったりです。

(料理／金順子)

材料（3～4人分）

A
| おから … 150g
| 木綿豆腐 … 1/2丁
| ベーコン（薄切り）… 1パック（140g）
| 青唐辛子（または青ネギ。みじん切り）
| … 2本分
| 玉ネギ（みじん切り）… 1/4個分
| 長ネギ（みじん切り）… 1/2本分
| 塩 … 小さじ1
| コショウ … 少量
| 卵 … 1個
小麦粉 … 適量
溶き卵 … 適量
サラダ油 … 少量
韓国酢醤油（作りやすい量）
| 酢 … 大さじ4
| 醤油 … 大さじ2
| みりん … 大さじ1
| しょっつる … 大さじ1
| 白すりゴマ（半ずり）… 少量
| 粗挽き唐辛子 … 少量
| ＊混ぜ合わせる。

作り方

1. 豆腐はふきんの上に10分ほどおいて水切りする。ベーコンはみじん切りにする。
2. ボウルに**A**をすべて入れてよく混ぜ合わせ、ハンバーグを作る要領で丸く形作る。
3. 2に小麦粉をまぶして溶き卵にくぐらせ、薄くサラダ油をひいたフライパンに入れて中火で両面を焼く(a)。
4. 器に盛り、小皿に入れた韓国酢醤油を添える。

ポイント

・おからに豆腐を加えることにより、しっとりとした仕上がりになる。
・形作ったらすぐに焼く（おいておくと水分が出てきてしまう）。

おから豚汁

おからを加えることにより、味がまろやかに。食べ応えもアップします。
（料理／笠原将弘）

材料（2人分）

おから … 100g
豚バラ肉（スライス）… 100g
大根 … 60g
ニンジン … 40g
エノキ … 1/2パック
万能ネギ … 5本
だし汁 … 600cc
味噌 … 大さじ3
みりん … 大さじ1

作り方

1. 豚肉は一口大に切り、さっと下ゆでして、ザルに上げておく。
2. 大根、ニンジンはマッチ棒くらいに切る。エノキは根元を切り落とし、2等分に切る。万能ネギは小口切りにする。
3. 鍋にだしと大根、ニンジン、エノキを入れて火にかけ、火が通るまで煮る。
4. 3に1とおからを加えてさっと煮て、味噌を溶き入れる。みりんも加える。
5. 器に盛り、万能ネギを散らす。

コンビジ（おからスープ）

おからをたっぷり使って作る、食べる感覚のスープ。
味つけにあみの塩辛を使っています。
（料理／金順子）

材料（2人分）

白菜 … 1/4株のもの3～4枚
豚肉（薄切り）… 50g
だし汁 … 100cc
豆乳 … 100g
おから … 300g
ゴマ油 … 大さじ2
A
　あみ塩（※）… 小さじ1
　ニンニク（すりおろし）… 少量

※あみ塩：あみの塩辛。韓国食材店やネット通販で手に入る。

作り方

1. 白菜はざく切りにしてゆで、水気を切っておく。豚肉は食べやすい大きさに切る。
2. 鍋にゴマ油をひき、1の豚肉と白菜を入れて炒める。
3. 2の豚肉に火が通ったら、だし汁、豆乳、おから、Aを入れてよく混ぜ、弱火で煮る。おからが沈みやすいので、ときどき混ぜながら5～6分煮てでき上がり。

ポイント

あみ塩がなければ普通の塩でよい。

豆乳で作る

栄養の面から、あるいは幅広い料理に使える味の面から、
おからと並び人気が高まっている豆乳です。
牛乳代わりに用いたり、汁物や鍋物のだしとして使用するなど、
大豆の旨みを生かす使い方を。

豆乳

豆乳のヴィシソワーズ

豆乳で作る

豆乳とアボカドの冷たいすり流し

豆乳胡麻豆腐

豆乳で作る

豆乳

豆乳は、中国では日常的に飲まれます。
甘く味つけたものと塩味のものがあり、
油條(ユーティヤオ)という揚げパンとの組み合わせが定番です。
(料理／小林武志)

材料

豆乳、砂糖(または塩)… 各適量

作り方

1. 豆乳を鍋に入れて火にかけ、軽く温めながら、砂糖(または塩)などで好みに味つけし、器に注ぐ。

ポイント

- 甘みは黒砂糖、ハチミツなどでつけてもよい。
- 塩味のほうには、好みで刻んだネギなどを添えてもよい。
- 温かいものの他、常温でも冷やしてもおいしく飲める。

豆乳のヴィシソワーズ

チーズを加えることで、コクのある豆乳のスープに。
ジャガイモのピューレがあれば、すぐに作ることができます。
(料理／和知 徹)

材料(2人分)

豆乳 … 200g
ジャガイモのピューレ
　(ゆでて裏漉したもの)… 100g
パルミジャーノ・レッジャーノ・チーズ
　(すりおろし)… 大さじ2
塩 … ひとつまみ
チキンブイヨン … 50cc
シブレット(みじん切り)… 適量

作り方

1. ミキサーに豆乳とジャガイモのピューレを入れて撹拌する。パルミジャーノ・チーズ、塩、チキンブイヨンを加えて、更に撹拌する。
2. 1を鍋に移し、沸騰しない程度に一度温める。
3. 2をボウルに移し、氷水にあててヘラで混ぜながら冷やす。器に流し、シブレットをのせる。

豆乳とアボカドの冷たいすり流し

濃厚なのに重くないのは、豆乳のおかげです。
（料理／笠原将弘）

材料（4人分）

アボカド … 1個
豆乳 … 400cc
玉ネギ … 1/2個
塩 … 少量
サラダ油 … 大さじ1
黒コショウ … 少量

作り方

1．玉ネギは薄切りにし、サラダ油を熱したフライパンに入れ、塩を少量ふってしんなりするまで炒める。冷ましておく。
2．アボカドは皮と種を取り、一口大に切る。
3．ミキサーに1、2、豆乳を入れ、なめらかになるまでまわし、塩で味を調える。冷たく冷やす。
4．3を器に注ぎ、黒コショウをふる。

豆乳胡麻豆腐

豆乳とゴマ油を使って作ります。
さっぱりとした味わいの胡麻豆腐。
（料理／笠原将弘）

材料（作りやすい量）

豆乳 … 400cc
砂糖 … 大さじ1/2
塩 … 小さじ1/2
酒 … 100cc
葛粉 … 40g
ゴマ油 … 50cc
A
　だし汁 … 100cc
　醤油 … 20cc
　みりん … 20cc
わさび（すりおろし）… 少量

作り方

1．Aを合わせてひと煮立ちさせ、冷ましておく。
2．鍋に豆乳、砂糖、塩を入れて混ぜ合わせる。
3．ボウルに葛粉を入れ、酒を少しずつ加えながら手で混ぜる。ザルで漉しながら、2に加える。
4．3の鍋を中火にかけ、木ベラで練る。固くなってきたら弱火にし、10分ほどしっかり練って、ゴマ油を加え、更に5分ほど練る。
5．ラップフィルムで4を適量ずつ包み、口をねじってから折り曲げ、輪ゴムでとめて茶巾にする。氷水に浸けて冷やし固める。
6．5のラップをはずして器に盛り、1を注ぎ、おろしわさびをのせる。

ポイント

固くなったらラップに包んだままもう一度蒸すと、やわらかくなる。

豆乳で作る

豆腐のニョッキ セージ風味の焦がしバターソース

豆乳で作る

白玉モッツァレッラ

豆乳のクリームコロッケ

豆乳で作る

豆腐のニョッキ
セージ風味の焦がしバターソース

もちもちとした食感が楽しめるニョッキです。
少し長めにゆでるのがポイント。ソースは他のお好きなものでも。
（料理／和知 徹）

材料（1人分）

ニョッキ（作りやすい量※）
　豆乳 … 200cc
　強力粉 … 250g
　ジャガイモのペースト
　　（ゆでて裏漉したもの）… 50g
　全卵 … 1個
　塩、白コショウ … 各適量
　ナツメグ … 少量
　打ち粉（強力粉）… 適量

ソース
　無塩バター … 40g
　セージ（フレッシュ）… 3枚
　塩、黒コショウ … 各適量
パルミジャーノ・レッジャーノ・チーズ
　（すりおろし）… 適量

※1人分は約80g。

ポイント
もっちりとした食感に仕上げるため、生地はやわらかめに作る。冷蔵庫で冷やすと手につかず、扱いやすくなる。

作り方

1. 半量の強力粉をフードプロセッサーに入れ、豆乳を加える。蓋をして撹拌する。残りの強力粉を数回に分けて加え、ダマができないよう更に撹拌する。
2. 1にジャガイモのペースト、全卵、塩、白コショウ、ナツメグを加えて混ぜる（a）。
3. まな板に打ち粉をふり、2を取り出す（b）。手につかないよう生地にも打ち粉をふり、まとめる（c）。ラップフィルムで包み、冷蔵庫で1時間ほどやすませる（d）。
4. 3の生地を台に取り出し、手のひらでたたくようにして軽く平らにし、2cm幅ほどの棒状に切る。更に手で1個20gほどにちぎる（e）。
5. 沸騰した湯に4を入れてゆでる。火が通ると浮いてくるので（f）、そこから更に粉気がなくなるまで3〜4分ゆでて、ザルに取り出す。
6. ソースを作る。フライパンを熱し、無塩バター、セージを入れる。強火にし、キツネ色になるまでバターを焦がす（gh）。
7. 6にゆで上げた5のニョッキを入れ、塩、黒コショウで調味する。ソースをからめたら皿に盛り、パルミジャーノ・チーズをふりかける。

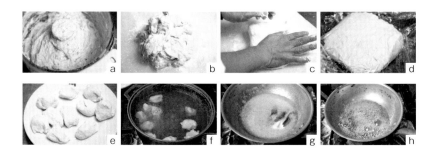

豆乳で作る

白玉モッツァレッラ

白玉粉と上新粉、豆乳で、モッツァレッラのようなもちもちとした食感を再現できてしまいます。ぜひトライしていただきたい！
（料理／和知 徹）

材料（2人分）

白玉粉 … 30g
上新粉 … 85g
豆乳 … 200cc
塩 … 適量
ミニョネット（粗挽きコショウ）… 適量
オリーブ油 … 適量

作り方

1. ミキサーに白玉粉、上新粉を入れ、豆乳を数回に分けて加えて撹拌する（クリーム状になる）。
2. 沸騰した湯に1をスプーンで取って落とす。火が通ると浮き上るので、そこから更に3分間ゆでて氷水にとる。水気を切り、皿に盛って塩、ミニョネットをふり、オリーブ油をかける。

豆乳のクリームコロッケ

大豆の素朴な風味がほっとする味わい。
牛乳の代わりに豆乳を使ってホワイトソースを作ると、あっさりとしたクリームコロッケに仕上がります。
（料理／和知 徹）

材料（2人分）

クリームコロッケ
　無塩バター … 25g
　強力粉 … 25g
　豆乳 … 200g
　ロースハム（みじん切り）… 30g
　塩 … 少量
打ち粉（強力粉）… 適量
バッター液
　全卵 … 1個
　強力粉 … 25g
　牛乳 … 20cc
生パン粉 … 適量
揚げ油（サラダ油）… 適量
ハーブ（イタリアンパセリなど）… 適量

作り方

1. 鍋に無塩バターを溶かし、強力粉を入れてヘラで炒める。粉気がなくなりなめらかになったら豆乳を一度に加え、弱火で混ぜながら火を通す。炊き上がり直前にロースハムを加えて混ぜ、少量の塩で味を調える。
2. 1をバットに取り出して平らにし、粗熱を取る。
3. まな板に打ち粉をして、2を2等分にして取り出す。それぞれ丸めて、強力粉をまぶす。
4. ボウルでバッター液の材料を混ぜ合わせて3にからめ、生パン粉をまぶす。180℃の油でキツネ色になるまで揚げる。皿に盛り、ハーブを添える。

豆乳で作る

豆腐花
(ドゥフホァワ)

豆乳をゆるく固めます。黒蜜などの甘いシロップをかけて
デザートとしても、醤油ベースのたれをかけても食べられますが、
日本人には冷やっこのイメージが強く、
醤油味でネギなどの薬味をたっぷり入れた味が好まれます。
（料理／小林武志）

材料（作りやすい量）

豆乳 … 900cc
水 … 225cc
コーンスターチ … 7.5g
硫酸カルシウム（石膏粉）※ … 5g

※硫酸カルシウム（石膏粉）:豆腐用凝固剤として使用される、食品添加物。

作り方

1. 豆乳を片手鍋などに入れ、かき混ぜながら、80℃になるまで中火で温める。
2. 大きめの器に分量の水とコーンスターチ、硫酸カルシウムを合わせておく。
3. 2の液体を混ぜながら、温めた1の豆乳を注ぎ入れる。ラップフィルムをかけて10分ほどおくと、豆腐のように固まる。
4. すくい出して器に入れ、好みのソースをかける（写真は山椒と唐辛子の辛みをきかせた麻辣ソースをかけたもの）。

ポイント

作り方3で液体を合わせるときは、一気に勢いよく合わせると、しっかり混ざってムラがなくなる。

豆乳豚しゃぶ鍋

旨みのある豆乳は、料理の味に深みを加えます。鍋の汁にもぴったり。
（料理／笠原将弘）

材料（作りやすい量）

豚バラ肉（スライス）… 200g
水菜 … 1/2把
長ネギ … 1本
白菜 … 1/8個
白すりゴマ … 大さじ1
一味唐辛子 … 少量
A
　だし汁 … 1000cc
　薄口醤油 … 大さじ4
　みりん … 大さじ4
　豆乳 … 300cc

作り方

1. 水菜は5㎝長さに切る。長ネギは斜め薄切りにし、白菜はざく切りにする。
2. 鍋にAを入れて煮立て、1と豚肉を入れて煮る。すりゴマ、一味唐辛子をかけて食べる。

ポイント

強火で煮すぎないように。

豆乳トマト汁 つけうどん

豆乳に、トマトの旨みや酸味を加えたつけ汁がおいしい。
(料理／笠原将弘)

材料（2人分）

豆乳 … 200cc
トマト … 2個
鶏モモ肉 … 150g
玉ネギ … 1/4個
シメジ … 1パック
大葉 … 5枚
黒コショウ … 少量
うどん … 2玉
塩 … 少量
A
　水 … 250cc
　薄口醤油 … 大さじ3
　みりん … 大さじ3

作り方

1. トマトはヘタを取り、ざく切りにする。
2. 鶏肉は一口大に切る。
3. 玉ネギは薄切りに、シメジは根元を切り落としてほぐす。大葉はせん切りにする。
4. 鍋にA、1、2、玉ネギ、シメジを入れて火にかける。沸いたらアクを取り、鶏肉に火が通るまで中火で煮る。
5. 4に豆乳を加え、沸かさないように温める。塩で味を調える。
6. うどんをゆでて冷水で締め、水気を切って器に盛る。
7. 5を別の器に入れ、黒コショウをふって6に添える。うどんを汁につけながら食べる。

ポイント

豆乳を加えてから、強火で沸かさないように。

豆乳で作る

コンクッス(豆乳素麺)

豆乳で食べる冷たい素麺。夏にぴったりの韓国の麺です。
とても簡単にできるので、時間のないときにもおすすめです。
(料理/金順子)

材料(1人分)

素麺 … 1束
豆乳 … 300cc
塩 … 小さじ1
白すりゴマ … 30〜40g(好みで)
キュウリ … 1/3本

作り方

1. キュウリは斜め薄切りにした後、せん切りにする。
2. 冷蔵庫で冷やしておいた豆乳に、塩とすりゴマを加えて混ぜ合わせる(a)。
3. 素麺をゆでて氷水で冷やし、水気を切って器に入れる。2を注ぎ(b)、1をのせる。

a

b

デザート

牛乳や生クリームの代わりに豆乳を使ったデザートは、体によさそうなイメージがありますね。
味もさっぱりと、軽い仕上がりです。

豆乳はちみつアイス

豆乳とハチミツのやさしい甘みがおいしいアイスクリーム。
冷凍庫で作れます。
（料理／笠原将弘）

材料（作りやすい量）

卵黄 … 6個
砂糖 … 60g
豆乳 … 200cc
生クリーム … 200cc
ハチミツ … 大さじ3
ラム酒 … 大さじ1

作り方

1. ボウルに卵黄と砂糖を入れ、白っぽくなるまで泡立て器で混ぜ合わせる。
2. 1に豆乳、生クリーム、ハチミツ、ラム酒を加えてよく混ぜ合わせる。
3. 2を冷凍庫に入れ、固まってきたら泡立て器でかき混ぜる。これを5、6回繰り返して固める。
4. 3を丸くすくって器に盛る。

ソイパフェ

大豆のやさしい味わいが
黒蜜とよく合います。
豆腐はなめらかなタイプを使用。
(料理／和知 徹)

材料（1人分）

なめらか豆腐 (p.45参照) … 60g
チョコフレーク … 15g
ソイアイスクリーム（作りやすい量）
　豆乳 … 450g
　水あめ … 130g
　玉砂糖（※）… 90g
黒蜜（作りやすい量）
　玉砂糖（※）… 100g
　水 … 100g
イチジク（または他の季節の果物）… 1個
スペアミント … 適量
粉糖 … 適量

※玉砂糖がなければ、粉末の黒砂糖を使用してもよい。

作り方

1. ソイアイスクリームを作る。鍋に材料をすべて入れて火にかけ、玉砂糖を溶かす。粗熱を取り、アイスクリームマシンにかける。
2. 黒蜜を作る。耐熱容器に同量の玉砂糖と水を入れ、電子レンジで1分ほど加熱して玉砂糖を溶かす。ヘラで混ぜながら氷水にあてて冷ます。
3. パフェグラスにチョコフレークを入れ、なめらか豆腐をのせて黒蜜をかける。ソイアイスクリームをアイスクリームディッシャーで取ってのせ、黒蜜をかける。イチジクを縦半分に切ってのせる。スペアミントを飾り、茶漉しで粉糖をかける。

笠原将弘（かさはら まさひろ）

1972年東京生まれ。高校を卒業後、「正月屋吉兆」(新宿)で9年間修業。その後、実家の焼き鳥の名声店「とり将」(武蔵小山)を継ぎ、4年半営業する。父親の代からの30周年を機に一旦「とり将」を閉店。2004年9月に現在の店舗「賛否両論」を開店する。リーズナブルな価格で味に定評のある和食を深夜まで提供。2013年9月に「賛否両論」名古屋店を開店。2014年6月に同広尾店を開店する。現在、店で料理の腕をふるう傍ら、テレビ、雑誌にも引っ張りだこで多忙な毎日を過ごしている。著書に『笠原将弘の和サラダ100』『笠原将弘の子ども定食』(ともに柴田書店刊)他多数がある。

【 日本料理　賛否両論 】
東京都渋谷区恵比寿2-14-4　太田ビル1階
TEL　03-3440-5572
http://www.sanpi-ryoron.com

小林武志（こばやし たけし）

「御田町 桃の木」オーナーシェフ。1967年愛知県生まれ。辻調理師専門学校を卒業後、同校で講師を8年間務める。東京・吉祥寺「知味 竹爐山房」、東京・新橋「シナヤム」、際コーポレーションなどを経て、2005年に独立開業。北京、広東、上海、四川などさまざまな地方の中国料理に詳しく、高い調理技術には定評がある。ミシュランガイド東京には、2008年以降連続で星を獲得している。著書に『桃の木のやさしい野菜中華』(講談社刊)、『進化する中国料理の前菜』(旭屋出版刊)がある。

【 御田町　桃の木 】
東京都港区三田2-17-29　オーロラ三田105
TEL・FAX　03-5443-1309
http://www.mitamachi-momonoki.com/

和知 徹 (わち とおる)

1967年、兵庫県淡路島生まれ。高校卒業後、辻調理師専門学校に入学し、翌年、半年間フランス校で研修。残りの半年間はブルゴーニュの1ツ星で働く。帰国後、「レストランひらまつ」入社。在籍中にパリの1ツ星で研修し、帰国後、ひらまつ系列の飯倉「アポリネール」料理長に就任。退職後、1998年銀座「グレープガンボ」の料理長を3年務める。2001年独立、「マルディ グラ」(東京・銀座)をオープン。豪快で骨太なフランス料理を提供する。特に肉料理で有名だが、野菜のおいしさにも定評がある。著書に『銀座マルディ グラのストウブ・レシピ』(世界文化社刊)他がある。

【 マルディ グラ 】

東京都中央区銀座8-6-19 B1(並木通り)
TEL 03-5568-0222

金 順子 (キム スンジャ)

韓国釜山出身。韓国料理店激戦区、東京・赤坂の中でも超人気店「どんどんじゅ」のオーナーシェフ。これまでの韓国料理店のイメージにはない、シンプルでセンスあふれる店内で供される、食材はもちろん器や盛り付けにもこだわった料理は、新感覚ながらも家庭的な温かみのあるおいしさで定評がある。テレビや雑誌でも活躍。著書に『たれさえあれば、韓国料理』(文化出版局刊)他がある。

【 どんどんじゅ 】

東京都港区赤坂3-6-13 アニマート赤坂1F
TEL 03-5549-2141

【 おんがね十番 (姉妹店) 】

東京都港区麻布十番1-3-8 Fプラザ102
TEL 03-3586-0200

使える豆腐レシピ
― 豆腐・油揚げ・高野豆腐・湯葉・おから・豆乳で作る。
毎日食べたい和・洋・中・韓116品 ―

初版印刷	2015年12月25日
初版発行	2015年12月20日

著者Ⓒ	笠原将弘（かさはら まさひろ）
	和知徹（わち とおる）
	小林武志（こばやし たけし）
	金順子（キム スンジャ）

発行者	土肥大介
発行所	株式会社柴田書店
	東京都文京区湯島3-26-9　イヤサカビル　〒113-8477
	電話　営業部　　　03-5816-8282（注文・問合せ）
	書籍編集部　03-5816-8260
	URL　http://www.shibatashoten.co.jp

印刷・製本　図書印刷株式会社

本書掲載内容の無断掲載・複写（コピー）・引用・データ配信等の行為は固く禁じます。
乱丁・落丁本はお取替えいたします。

ISBN978-4-388-06224-9
Printed in Japan